SF와 함께라면 어디든

일러두기

- 외래어 표기는 국립국어원의 원칙을 기본으로 삼되 통상적으로 굳어진 표현은 해당 표기를 따랐습니다.
- 본문에 등장하는 작품의 출간 연도는 단행본 발간 시기를 기준으로 삼아 표기했습니다.
- 시리즈물의 발행 연도는 첫 책이 출간된 해를, 국내에 번역된 해외 작품의 발행 연도는 원서가 최초로 출간된 해를 기준으로 삼았습니다.
- 본문에 등장하는 모든 작품의 서지정보는 '찾아보기(252쪽)'에 있으며, 국내 미출간 도서에 한해 원어를 병기하였습니다.
- 책 제목과 장편소설은 『 』, 단편소설은 「 」, 잡지, 신문, 영화 등은 〈 〉, 기사 제목은 " ", 시리즈명은 ' '로 표기했습니다.

추천사

SF라는 낯선 행성에 첫발을 내딛는 여행자들에게 이 책을 한 권씩 와락 안겨주고 싶다. SF를 더 알고 싶지만 어렵게만 느껴진다는 독자들을 만날 때마다, 한국에도 바로 이런 책이 있기를 얼마나 간절히 바라왔던지. 『SF와 함께라면 어디든』에서 심완선은 막힘없이 흐르는 어조로 여행자들을 행성 구석구석 이끈다. 고전과 동시대 작품, 국내작과 해외작을 균형 있게 오가며 SF를 읽는 다층적 즐거움을 성실하게 탐사한다. 그 발걸음을 따라가다 보면 왜 어떤 사람들은 이 행성에 속절없이 빠져들고 마는지, 그래도 조금은 그 마음의 끝자락을 붙잡게 된달까. 아직 SF가 궁금한 독자들에게는 하룻밤의 산책 투어 같은 경쾌함을, SF를 이미 좋아하는 독자들에게는 놓친 세부 사항을 잔뜩 발견하는 기쁨을 선물할 책.

— 김초엽(소설가)

이 책은 완벽한 SF 입문서이다. 'SF란 무엇인가?'부터 '어떤 SF를 읽을 것인가?'까지, 한국 SF와 외국 SF, 현대 작품부터 고전까지 주제별로 망라하여 SF에 대한 거의 모든 질문에 명료하고도 쉽고 재미있게 답해준다.

재미있다는 것이 아주 중요하다. 이 책의 가장 큰 장점일뿐더러, 심완선이 생각하는 SF라는 장르 자체의 가장 큰 특징이자 매력이 재미있다는 것이다. 그런데 여기서 한발 더 나아가 심완선은 인간이 느낄 수 있는 건전하고 발전적이면서도 매력적인 '재미'의 종류가 무한히 다양하다는 사실까지도 알게 해준다.

『SF와 함께라면 어디든』은 SF 초보자만을 위한 책은 아니다. 이미 SF에 입문한 독자들에게도 이 책은 더 찾아 읽어볼 작품과 더 발견할 주제들을 안내해준다. 그리고 SF에 입문한 지 오래된 덕후들에게는 같은 SF 덕후의 마음을 들여다보며 깊은 대화를 나눌 수 있는 드문 기회를 제공해준다. 읽다 보면 심완선이 SF를 정말로 잘 알고 있으며 다양한 작품들을 깊이 있게 읽었고 무엇보다도 SF를 진심으로 사랑한다는 사실을 느낄 수 있다. 그래서 이 책은 훌륭하다. 심완선이 SF를 읽는 마음이 진심이기 때문이다. 국내에 SF를 이 정도로 깊고 넓게, 그러면서도 쉽고 재미있게 설명한 안내서는 찾기 힘들다. 현재 우리가 살아가는 세계를 색다른 관점에서 바라보고 조금 더 깊이 이해하기 위해서라도『SF와 함께라면 어디든』은 꼭 한번 읽어야 할 필독서이다.

― 정보라(소설가)

1968년, 텔레비전 드라마 〈스타트렉〉에서 커크 선장과 통신장교 이오타 우후라 중위의 키스신이 방영됐다. 그것이 텔레비전 방송 역사상 최초의 백인과 흑인의 키스 장면이다. 당대 정서로 받아들이지 못하는 장면일지라도 〈스타트렉〉에서는 가능했다. 현실이 아니고, SF였으므로. 지금은 아니어도 곧 일어날 일이므로. 이 일화를 들었을 때 나는 내가 SF를 좋아하는 이유를 깨달았다. 이 색은 이런 이야기를 한다.

SF 작가로 활동하기 시작하면서 가장 많이 들었던 질문은 'SF가 무엇이냐'였다. SF를 좋아하고 쓰기 시작하면서도 SF가 무엇인지를 고민해본 적 없던 사람으로서, SF에 대한 탐구는 사후적인 일이 되었다. 하지만 어디에서도 선명한 한 줄로 SF를 설명하지 않는다. 그건 못한다기보다 안 한다는 것이 더 맞다. SF는 한 줄로 설명되지 않는다. 이 책이 그 증거이다.

이 책은 SF를 향한 오해와 누명을 벗기는 것을 시작으로, SF를 읽는 방법을 차분히 짚어간다. 그리하여 독자가 SF를 읽을 수 있는 준비가 되었을 때, 12가지 키워드를 소개하며 자신 있게 말한다. '뭐든 좋아, 가장 좋아하는 것부터 읽어!'

SF는 그 자체로 평행우주이자 시간여행이자 세계의 확장이다. 그것은 결코 한 줄로 소개될 수 없고 그저 끊임없이 뻗어나가는 세계에서 길을 잃지 않기 위한 이정표가 필요할 뿐이다. 그리고 이 책은, 그 이정표 역할을 톡톡히 해줄 것이다. SF 세계를 여행하는 히치하이커를 위한 안내서가 되겠다.

— 천선란(소설가)

추천사 5

여는 글 10

1장 – SF의 세계　18

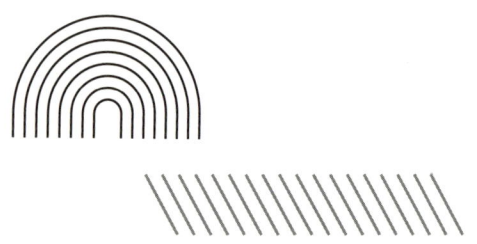

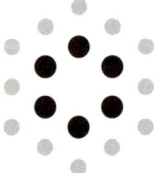

2장 – 키워드로 읽는 SF

1	확장되는 세계 - 감각, 정체성, 관계	43
2	유토피아와 디스토피아	57
3	페미니즘과 퀴어	79
4	초인과 장애	101
5	환경오염과 전염병	119
6	지구탐험	137
7	우주여행	153
8	은하제국과 전쟁	165
9	평행세계	183
10	시간여행과 대체역사	197
11	가상현실과 마인드 업로딩	215
12	로봇과 클론	233

닫는 글 248

찾아보기 252

여는 글

◆

SF 소설을 읽으면서 들은 말이 몇 가지 있습니다. "근데 SF가 정확히 뭐야?" "재밌어?" "너는 왜 그런 거 읽어?"

그런 거, SF가 무엇일까요. SF의 재미는 또 무엇일까요. 저는 그 이야기를 하며 글을 쓰는 사람이 되었습니다. '이거 좋아! 재미있어!'라고 답하는 데 오랜 시간을 보냈지요. 그리고 그 이야기들을 책으로 내면서 드디어 자기소개에 "SF의 재미와 함께"라는 말을 추가했습니다. SF가 유익할 뿐 아니라 재미있어서 좋아한다는 뜻을 담았습니다. 남들에게 SF 이야기를 하다 보면 아무래도 유익하다는 측면을 강조하게 되거든요. 남들도 좋게 평가할 만한 근거를 자꾸 찾는 것이지요. 이 책에서도 SF가 여러분 개인에게, 그리고 사회에 유익하다는 이야기를 합니다. 그러나 SF가 유익하게 작용하려면 우선 여러분이 끝까지 읽을 정도로 책이 재미있지 않으면 안 되겠지요. 저는 SF가 확실히 재미있다는 이야기를 하고 싶어요.

물론 책 읽기를 힘겨워하는 분들이 많다는 사실을 압니다. 제가 모르는 여러 사정이 있겠지요. 하지만 읽을 수만 있다면 독서는 순수하게 즐거운 경험입니다. 미심쩍어

보이더라도 사실입니다. 마치 "나쁜 발을 가진 착한 고양이"처럼요. 이건 SF 작가인 어슐러 K. 르 귄이 자신이 기르던 고양이에 관해 쓴 표현입니다. 고양이는 정말 착해요. 물건을 떨어뜨리는 등 사고를 치는 이유는 그저 나쁜 발이 달렸기 때문입니다. 나쁜 발은 분명 고양이의 일부지만, 발만 바라보다가는 고양이의 사랑스러움을 제대로 발견하지 못합니다. 마찬가지로 독서는 정말 즐거운 일입니다. 단지 즐거움으로 가는 길에 방해물이 여럿 있을 뿐입니다. 방해물 때문에 뒤로 돌아선다면 그 너머에 늘어선 좋은 점을 느끼지 못합니다. 그러면 큰일이에요. 왜냐면 책은 진짜, 진짜 재미있거든요.

이 책은 여러분이 방해물에 가로막히지 않도록 지원하는 안내서입니다. 목적지로 향하는 길을 안내하고, 주변 지형이 어떻게 생겼는지 한눈에 보이도록 알려주기도 하지요. 가다가 무엇을 만날지도 소개합니다. 이를 통해 방해물을 조금이라도 쉽게 제치도록 돕습니다. 어떻게 하면 즐거움에 도달할 수 있을지 이야기합니다.

맞춤형 안내서가 되도록, 서술이 딱딱해지지 않게 주의했습니다. SF 장르에서 논의되는 역사, 정의, 이론, 명칭을 쭉 설명하는 방식을 피하려고 했습니다. SF에 새로이 진입하는 독자에게는 맞지 않을 방식이라고 느꼈기 때문입니다. 대신 최대한 흥미를 끌어내기 위해, 작품을 중심으로 어떤 지점이 재미있는지에 비중을 두었습니다.

또, 각 키워드를 이정표 삼아 내용을 말끔하게 정리했습니다. SF 하면 빠지지 않는 주제를 키워드로 삼았습니다. 여러 키워드를 골고루 다루려고 노력했지만, 분량상 12개밖에 넣지 못했어요. 챕터마다 눈물을 머금고 제외한 내용도 많습니다. 원래는 키워드당 약 30편이 넘는 작품을 메모해두었어요. 하지만 책으로 만들면서 여러 번의 퇴고와 편집을 거쳐 키워드에 집중했습니다. 덕분에 재미있고 좋지만 빠진 책이 많습니다. 혹시 흥미가 생긴 주제가 있다면 꼭 더 많은 책을 찾아봐주세요.

SF 이야기를 하다 보니 지금도 SF가 무엇이냐는 질문을 받습니다. 다만 요즘은 질문의 방향이 바뀌었습니다. "나도 SF 읽어보고 싶은데, 뭐 보면 돼? 추천해줄 수 있어?"라고요. 경향이 바뀌고 있다는 실감이 납니다. 새로이 SF를 읽기 시작하는 독자가 확연히 늘어났지요. 특히 여러 통계에 따르면 젊은 독자층이 매우 증가했습니다. 문학 분야 중에서는 이례적으로 2~30대 독자가 눈에 띄게 늘었어요. 그리고 잘 집계되지는 않지만, 지금의 청소년 소설을 살펴보면 10대 독자도 수두룩해졌지요. 다른 나이대의 독자층도 물론 늘었습니다. 게다가 한국 SF 작가진의 규모, 출간 종수, 판매량은 과거와 비교하면 정말 엄청나게 급증했습니다. 저로서는 굉장히 반가운 변화입니다.

덕분에 이런 말을 많이 하고 있어요. 만약 여러분이 SF를 막 읽기 시작한 참이라면, 매우 중요한 위치에 있는 것입니다. 현재는 한국 SF가 베스트셀러에 오르는 것이 이상하지 않습니다. 국내에 출간되는 SF 중에서 한국 작가의 작품이 다수를 차지하는 모습도 이제는 당연해졌습니다. 지금의 독자는 기존의 편견과 거리를 두고, SF를 자연스럽게 한국문학의 일부로 받아들입니다. 시대를 바꾸고 SF를 좋아하는 일이 평범해지도록 만들고 있습니다. 더는 SF 독자라고 해도 특이한 '마니아'가 아니에요. 여러분이 SF 소설을 읽고, 다음 소설을 읽고, 또 다음 소설을 읽을수록 더욱 그렇게 변할 것입니다.

다만 이는 최근의 변화이므로, 아직 한국 SF가 어떤 장르인지는 정리된 바가 많지 않습니다. 한국 SF가 장르적으로 어떤 특징을 지니는지, 어떤 작품이 무슨 이야기를 하는지, 한국 독자와 어떻게 상호작용하고 있는지, 무엇이 장점이고 어떻게 읽으면 좋을지 등이 확립되지 않았어요. 장르의 비평이 충분하지 않기 때문입니다. 그래서 저는 더욱 한국 SF를 적극적으로 이야기하고 있습니다. 현재 듬성듬성 비어 있는 부분을 채워나가기 위해서요.

이 책에서도 가능하면 한국 SF 소설을 다루려 했습니다. 지금의 한국 독자는 기본적으로 지금의 한국 소설을 훨씬 친숙하게 읽습니다. 가치관과 문화권이 친근하다는 점에서, 원문으로 읽을 수 있다는 점에서, 책을 구하기가 쉽다는 점에서요. 다만 영미권 SF도 상당수 넣었습니다. 작품 수가 매우 많고, 국내 SF 생태계의 큰 부분을 차지하고 있기에 언급하지 않으면 오히려 어색하거든요. 게다가 영미권의 고전 SF 소설은 비평이 이미 활발히 이루어졌다는 확실한 장점이 있습니다. 어떤 책이 정전이고, 어떤 시대적 배경이 있고, 어떻게 해석하면 좋을지 잔뜩 정리되어 있어요. 이런 내용은 조금씩 추려서 각 챕터의 시작 부분에 반영했습니다.

마지막으로 이 책의 기획 의도를 이야기하겠습니다. 『SF와 함께라면 어디든』은 제가 학교 현장의 국어 선생님들을 대상으로 했던 SF 강의에서 출발했습니다. 왜 강의를 신청했는지 물었을 때, 많은 분이 'SF는 잘 모른다, 그런데 수업에서 같이 읽어봤을 때 반응이 좋았다, 나도 더 알고 싶다' 등의 대답을 해주셨어요. 덕분에 적절한 안내서를 바라는 독자들이 있다고 확신하게 되었습니다. 더불어 지금까지 상대적으로 진지하게 고려되지 않았던, 청소년 SF 독자층의 중요성도 생각하게 되었습니다. 이 책은 기본적으로 성인 독자를 대상으로 하는 책이지만, 청소년 독자도 함께 읽는 방향으로 정리하려고 노력했습니다. 지금 새로이 형성되는 SF에 관한 관심은 성인이나 청소년이나 크게 다르지 않으리라 보았기 때문입니다. 게다가 나이가 어릴수록 아무래도 독서 경험이 많이 쌓이지 않아 안내서를 값지게 보리라는 기대가 들고요. 그런 마음을 담아 널리 함께 읽을 만한 책으로 만들고자 했습니다.

이렇게 책의 방향을 정하면서 고민한 점이 더 있습니다. SF 평론가로서 할 일이 무엇이냐는 것이었어요. 어떤 책을 쓸 것인지와 직결되는 고민이었습니다. 앞서 한국 SF에는 비평적 작업이 많이 이루어지지 않았다고 했지요. 저는 우선, 제가 잘하고 또 좋아하는 일을 하기로 했습니다. SF가 재미있다고 말하는 일입니다. 그리고 사람들을 SF로 초대하는 일입니다. 저는 이를 위해 책을 읽고, 평하고, 해석하고, 분류하고, 연결하는 일을 합니다. 그러면서 SF 내의 담론과 교류를 풍부하게 만들고, 장르의 경계를 탐색하며, 창작의 토대를 만들려 합니다. 그러고 나면 다시 SF가 재미있다는 이야기를 할 테지요. 다만 더 쉽고 분명하고 다양하게 말하게 될 것입니다. 이 책은 그런 순환의 한 토막입니다. 여러분의 독서가 '착한 고양이'처럼 매력적이길 바라며, 아무쪼록 이 책을 유용하게 활용해주시기를 부탁드립니다.

SF 여행자들의 멋진 모험을 기원하며,
심완선

1장

SF의 세계

1. SF의 재미와 함께

소설은 재미있어야 합니다. 이런 말이 있어요. 책이 우리의 두개골을 주먹질로 쳐서 깨우지 않는다면 뭐 하러 책을 읽느냐고요. 프란츠 카프카가 남긴 유명한 구절, '책은 우리 안의 얼어붙은 바다를 깨는 도끼여야 한다' 앞에 나오는 말입니다. 정신이 퍼뜩 깨어나는 듯한 충격도 일종의 재미입니다. 소설의 재미가 늘 오락성으로 이루어지진 않으니까요. SF 소설은 현실 이상의 비현실을 보여준다는 점에서 여러모로 재미있는 장르입니다.

예를 들어 클론은 SF에서 친숙한 소재입니다. 만약 모든 사람이 자기 클론을 만들어둘 수 있다면 무슨 일이 일어날까요? 나의 클론은 기억과 경험을 공유하는 한 나 자신이라고 볼 수 있습니다. 누군가는 '과연 그런가?' 하며 정체성을 고민할 테지요. 또, 죽음의 개념이 바뀔 것입니다. 육체 하나가 죽더라도 나는 죽지 않으니까요. 만약 죽음에서 자유로워진다면 사람들은 무엇을 바라게 될까요? 더 탐욕스러워질까요, 아니면 더 친절해질까요? 일하는 모습, 공부하는 모습, 결혼하는 모습도 전부 달라질 것입니다. 재산권 관련 법도 재정비해야겠지요. SF 소설은 이런 방식으로 세상의 구조를 보여줍니다.

게다가 SF에는 아주 다양한 주인공이 등장합니다. 사이보그, 로봇, AI, 외계인, 그리고 온갖 형태의 존재가 나옵니다. 우리는 SF 속 인물을 통해 자신과 다른 입장에서 생각하게 됩니다. 이전에는 몰랐던 관점을 접할 기회를 얻습니다. 성별이라는 개념이 없는 AI의 입장에서 인간을 보면, 사람들이 얼마나 강한 고정관념을 지니고 있는지 알게 됩니다. 이는 성차별에 관해 깊이 생각해볼 계기가 되겠지요.

이처럼 SF는 비현실을 가정하지만 그렇기에 현실을 넘어선 세상을 구상하도록 돕습니다. 우리는 SF를 통해 다른 방식의 삶을 배웁니다. 바꿔 말하면, 비현실을 통해 다양한 형태의 현실을 익힙니다. 그렇게 SF는 "우리가 불가피하고 자연스러운 것으로 여기는 현실을 다시 생각하게"[1] 합니다. SF로 현실의 문제를 해결하지는 못하지만, 현실의 우리는 SF라는 거울을 통해 우리의 문제를 읽곤 합니다. 그리고 좋은 질문은 좋은 답으로 가는 첫걸음이지요.

제가 SF를 통해 배운 점은 수없이 많습니다. 특히 가치관을 형성하는 측면에서요. 저는 어떤 이슈를 접할 때 종종 '그거 이미 SF에서 이야기한 건데'라고 생각합니다. 로봇과 인간의 경계에 관한 논의는 로봇이 사람처럼 인격체로 성장하는 이야기에 나옵니다. 이미 여럿 존재하는 이야기입니다. 의수나 의족 등 기계 신체를 새롭고 멋진 모습으로 디자인하는 이야기는 우리가 장애를 어떻게 여기면 좋을지 힌트를 줍니다. 상대방 또는 자기 자신을 존중하라는 메시지가 들어 있어요.

저는 정세랑의 말을 좋아합니다. "아직 오지 않은 세계에 대해 쓰면 그 세계가 오는 속도가 조금은 빨라지지 않을까?"[2] SF는 우리를 지금과 조금 다른 곳으로 이끕니다.

---

1 셰릴 빈트, 『에스에프 에스프리』, 전행선 옮김, 정소연 해제, 아르테, 2019, 197쪽.
2 정세랑, 「아미 오브 퀴어」, 『언니밖에 없네』, 큐큐, 2020, 72쪽.

SF에 친숙해지면 '낯섦'을 접하는 일에 익숙해집니다. 새 소설을 읽을 때마다 새로운 풍경을 두리번거리며 재미를 느끼지요. 청소년이라면 SF를 더욱 신선하게 즐길지도 모릅니다. 소위 '머리가 말랑말랑한' 독자니까요. 청소년 독자는 진지하게, 그리고 경이롭게 주변을 바라볼 여지가 있습니다. 고정관념을 깨는 과정에서 세계가 변하고 확장되는 경험을 하기에 청소년은 딱 맞는 주체입니다. SF가 보여주는 가능성을 신나게 탐독할 수 있죠.

물론 드넓은 무대로 나아가는 재미도 중요합니다. 독서는 때때로 순수하게 즐거운 일입니다. 흥미로운 모험담, 새로운 친구, 환상적인 풍경, 신기한 생명체는 그 자체로 재미있습니다. 저는 이야기가 그야말로 SF다운 규모로 커질 때 제일 짜릿합니다. 그러면 정신없이 빠져들었다가 책을 덮으면서 감탄하곤 합니다. SF는 정말 어디든 갈 수 있다고요.

2. SF를 향한 오해들

아직은 SF를 멀게 느끼는 독자가 더 많습니다. SF 이야기를 하다 보면 "그래서 SF가 뭐야?"라든가, "SF 잘 모르는데, 어디가 재미있어?"라는 말을 듣곤 하지요. "SF 그거 좀 유치하지 않아?"나, "SF 읽으려면 공부해야 하는 거 아니야?"도 듣습니다. 저만 들어본 질문은 아닐 테지요. 어쩌면 이 책을 읽는 독자가 궁금해하는 부분일지도 모르겠습니다. 이번에는 SF를 둘러싼 오해를 하나하나 풀어보려고 합니다. 저는 사람들이 흔히 품는 오해를 크게 네 가지로 나눴습니다. 이를 다루면서 SF를 어떻게 이해하면 좋을지 소개하겠습니다.

SF는 허무맹랑하다?

그동안 SF가 제일 많이 들은 말은 '허무맹랑'입니다. 리얼리즘 소설과 다르게 SF 소설은 터무니없는 공상에 잠겨 있다는 의미입니다. 그래서 유치하다든가, 엉뚱하다는 말이 나오기도 합니다.

물론 SF는 가상의 세계를 만드는 장르가 맞습니다. 이는 SF 읽기가 특별한 경험이 되는 이유입니다. 하지만 SF의 가상세계가 온전히 비현실에서 태어나지는 않습니다. SF 소설은 다른 소설과 마찬가지로 현실의 경험을 바탕으로 만들어집니다. 그리고 마찬가지로 현실을 자기 방식으로 재구성합니다. 작가는 현실의 특정한 부분을 살려 이야기를 짤 뿐, 대부분의 요소는 생략합니다. 그렇게 세상을 재구성하기 때문에 소설에는 작가의 통찰이 묻어납니다. SF 작가는 현실의 제약에서 훨씬 자유롭다는 점이 다를 뿐입니다.

그리고 비현실을 다룰 때도 SF는 현실과 유리되지 않습니다. 예를 들어 기계와 결합된 사이보그 인물을 보다 보면 신체장애인의 서사를 읽게 됩니다. 다른 형태의 몸이라는 공통점이 있기 때문입니다. 다른 세상의 사람들이 보여주는 인간관계나 사회구조는 종종 퀴어 이야기가 됩니다. 그러니 소설이 끝나면 우리는 우리의 몸, 우리의 관계, 우리의 사회로 돌아오곤 합니다. 우리는 SF에 재현되는 타자들을 보며 이해의 범위를 넓힐 수 있습니다.

SF는 과학적으로 정확해야 한다?

흔히 SF는 과학 이야기라고 여깁니다. SF가 과학소설 Science Fiction의 축약어인 탓입니다. 물론 SF 소설을 읽으면 과학 지식이 늘어납니다. 궤도 엘리베이터나 스윙바이 등의 비일상적 단어에 친숙해지기도 좋고요. 어떤 과학자들은 자신의 지식을 소설과 부드럽게 융합해, 독자가 푹 빠질 만한 SF를 자아냅니다.

다만 과학자가 꼭 좋은 소설가는 아닙니다. 과학적으로 정확해야 괜찮은 SF인 것도 아닙니다. SF가 이야기할 내용은 '과학적으로 왜 그런지'가 아닙니다. '그래서 무슨 일이 일어나는지'가 중요합니다. 이는 발상이나 설정 다음에 펼쳐지는 이야기입니다. 우리는 작중에서 무슨 일이 일어나고, 누가 변화하고, 어떤 결말이 오는지 궁금해서 소설을 읽습니다. 미국 작가 옥타비아 버틀러의 말을 빌리자면, 강의가 필요하면 수업을 듣고 설교가 필요하면 종교를 찾을 일입니다. 우리는 과학이 아니라 이야기를 읽기 위해 SF를 봅니다.

SF는 미래를 예측한다?

SF가 과학책이라는 편견 외에도 찜찜한 시선이 있습니다. SF를 통해 미래를 예측하겠다는 태도입니다. 예를 들어서 C. 클라크의 소설 『2001 스페이스 오디세이』(1968)에는 종이 신문 대신 '뉴스패드'가 등장합니다. 갤럭시탭이나 아이패드 같은 스마트 패드를 예언한 것일까요? 근래 화제가 된 '메타버스'는 『스노 크래시』(1992)라는 닐 스티븐슨의 소설에 나온 개념입니다. 마치 과거의 SF가 현재의 기술을 내다본 것처럼 보이지요.

그 이유는 SF 작가들이 짜낸 미래상이 현실과 꽤 가깝기 때문입니다. 앞서 말했듯, SF는 현실을 재료 삼아 재구성된 허구입니다. 허공에서 뚝 떨어진 창작물이 아닙니다. 그러니 SF로 미래를 읽으려는 시도는 어느 정도 효과가 있습니다.

이는 어디까지나 부차적인 기능입니다. 수많은 SF가 미래를 예견하는 데 실패합니다. 정확한 미래를 말하고 싶은 사람은 굳이 SF 소설을 쓰지 않습니다. 오히려 SF는 노골적으로 틀린 미래를 다루곤 합니다. 현실화할 가능성이 얼마나 되는지는 핵심이 아닙니다. 그보다는 다른 세계, 다른 가능성을 그리는 일이 중요합니다. 이를 통해 SF는 해방감과 비판적 시각을 제공합니다.

게다가 배명훈의 말을 참고하면, SF 소설은 때때로 틀렸기 때문에 재미있습니다. 대체역사나 평행우주를 다루는 소설은 일부러 현실에서 벗어납니다. 예언을 목적으로 SF를 찾는다면 소설 읽기가 상당히 재미없어질 것입니다.

SF는 어렵다?

솔직히 SF는 진입 장벽이 다소 높은 장르입니다. SF의 문법에 익숙해지는 데는 시간이 걸립니다. 낯섦은 SF의 장점이고, 또 단점입니다. 현실과 공통점이 적은 이야기일수록 적응하기 어렵습니다. 반대로 현실과 크게 다르지 않은 세상에서 시작하는 이야기는 접근하기 쉽습니다. 당연하게도 자신에게 적절한 난이도의 소설이 제일 재미있습니다.

잘 읽히지 않는 소설을 억지로 붙잡지 마세요. 세상에는 수없이 많은 소설이 있습니다. 그중에는 재미있게 볼 만한 소설이 얼마든지 있습니다. 자신에게 맞는 소설을 고르는 것이 SF를 사랑하게 되는 비법입니다. 관심 있는 주제, 같은 문화권의 작가, 현재의 가치관, 매력적인 주인공을 토대로 찾으면 도움이 되겠지요.

다만 모처럼 SF를 읽는다면 SF다운 재미를 만끽하길 권하고 싶습니다. 새로움을 경계하지 마세요. 낯선 세계에 빠져들어보세요. 시야를 열어보세요. 이것이 제가 추천하는 독서 방법입니다.

3. SF를 정의하기

이제 SF가 무엇인지 알아볼까요. 여러분은 SF가 뭐라고 생각하나요? SF 하면 생각나는 단어나 이름이 있나요? SF 소설이 되려면 무엇이 필요할까요? 여러분 중에는 이미 SF가 무엇인지 잘 아는 분들도 있겠죠. 누가 물어보면 줄줄 말할 수 있는 분이요. 반면 SF에 관심은 있더라도 아직 많이 읽지 못한 분도 있을 테고요. 그럼 막연한 이미지만 떠오를지도 모릅니다.

SF는 일종의 장르입니다. 장르는 작품을 묶고 가르는 분류 체계로, SF의 장르적 관습을 따르는 작품이라면 SF에 속합니다.

장르적 관습이란 해당 장르에서 자주 쓰이는 특정한 소재, 기법, 배경, 사건 등을 말합니다. 만약 살인 사건이 일어나고 탐정이 범인이나 범행 방법을 추리하는 소설이라면 미스터리 장르에 속하겠지요. 똑같이 살인 사건이 일어나더라도 공포와 불안을 자극한다면 호러 장르가 될 것입니다. 살인 사건이 일어나되 배경이 우주선이고, 가상의 기술이 연루된다면? 미스터리를 가미한 SF일 터입니다. 이는 장르 관습의 예시입니다.

그렇다면 SF 장르의 관습에는 무엇이 있을까요? SF를 덩어리로 묶어주는 핵심 요소는 무엇일까요? 그 답이 SF 장르의 정의입니다. 다른 사람들은 SF를 뭐라고 정의했는지 살펴보겠습니다.

과학적 합리성: 과학소설 Science Fiction

SF의 가장 대표적인 정의는 과학소설입니다. 과학소설이라는 말은 미국의 작가이자 편집자인 휴고 건즈백이 사용하면서 유명해졌습니다. 당시에는 용어가 조금 달랐지만, 곧 과학소설이라는 말이 정착했습니다.

건즈백은 1926년에 SF 전문 잡지 〈어메이징 스토리즈〉를 창간하면서 자신들이 새로운 종류의 소설을 다룰 거라고 홍보했습니다. 「새로운 종류의 잡지」라는 발간사를 썼어요. 건즈백은 SF를 이렇게 묘사합니다. "쥘 베른, H. G. 웰스, 에드거 앨런 포 스타일의 이야기: 과학적 사실과 예언적 시각이 뒤섞인 매력적인 로맨스"[3]라고요. 이어서 "대단히 흥미로운 읽을거리일 뿐 아니라 언제나 교육적이다. 아주 알기 쉬운 형태로 지식을 제공한다. 오늘날의 사이언스 픽션에서 그려지는 새로운 모험들은 미래에 결코 불가능하지 않다. 후세 사람들은 이들 작품을 문학과 소설의 영역뿐 아니라, 진보에 있어서 새로운 길을 닦았다고 평가할 것이다"[4]라고도 했습니다. 이렇듯 건즈백의 정의는 과학과 진보에 중점을 두었습니다. 그는 인류의 과학과 기술이 얼마나 크게 발전했는지 보라며, "100년 전에는 불가능했던 많은 환상적인 상황이 오늘날에는 가능합니다"라고 외칩니다.

앞서 SF는 때때로 틀린 과학을 다룬다고 했지요. 과학지식보다는 과학적 태도, 과학적 합리성에 기반을 둡니다.

---
[3] 셰릴 빈트, 『에스에프 에스프리』, 전행선 옮김, 정소연 해제, 아르테, 2019, 20쪽.
[4] 정소연, "원조 과학 소설? 프랑켄슈타인도, 걸리버도 아냐!", 〈프레시안〉, 2011. 5. 27.

비록 비현실일지라도, 그 핵심에는 소설을 받쳐주는 합리성과 개연성이 있습니다. 메리 셸리의 『프랑켄슈타인』(1818)을 볼까요. 이 소설은 최초의 과학소설이라고 일컬어집니다. 시체를 조합해 인조인간을 만든다는 초자연적 현상을 묘사하되, 당대의 과학적 성취에 기반해 나름대로 합리적인 설명을 붙였기 때문입니다. SF에서는 미지의 세계가 설명 가능한 모습으로, 이해 가능한 형태로 둔갑합니다.

사고실험의 장: 사변소설 Speculative Fiction

SF의 핵심을 사고실험으로 보기도 합니다. 많은 SF 소설이 "만약 이렇다면 어떻게 될까?"라는 가정을 포함합니다. 현실의 전제를 뒤바꾸어 다른 세상을 만드는 실험을 합니다. 그럼 미래나 외계, 신비한 과학과 기술이 보이지 않아도 SF입니다. 이렇듯 사고실험을 핵심으로 삼으면 과학에서 다소 멀어지는 대신 논리적 일관성이 강조됩니다. 앞서 설명한 '과학소설'이라는 견해와 관점이 조금 다르지요.

한 예로 『시녀 이야기』(1985)가 있습니다. 소설 속 '길리어드'는 여자들에게 출산과 결혼을 강제하고 그에 따라 계급을 나눕니다. 이상한 사회죠. 하지만 저자인 마거릿 애트우드는 "역사상 일어나지 않은 일은 쓰지 않는"다고 말한 바 있습니다. 여자를 배급하고 관리하고 때려죽이는 모습 하나하나는 우리가 이미 겪어본 역사입니다. 길리어드의 모습은 비현실이지만, 우리가 아는 역사로 비춰 볼 때 충분히 합리적입니다.

이렇게 사고실험을 중시하는 사람들은 SF를 사변소설이라고 부릅니다. 풀어쓰면 '추론해보는 소설' 정도로 옮길 수 있습니다. 과학소설과 마찬가지로 사변소설도 줄이면 SF가 됩니다. 우연은 아닙니다. 미국의 작가 로버트 A. 하인라인은 SF를 정확히 설명하기 위해 사변소설이라는 말을 자주 썼습니다. 그에 따르면 사변소설은 새로운 상황 이야기가 아니라, 새로운 상황으로 인한 문제에 대처하는 인간들의 이야기입니다.[5] SF는 낯선 배경을 만드는 데 그쳐서는 안 됩니다. 인간 본성 등 익히 알려진 요소를 발판 삼아 전개를 추론해야 합니다.

만약 인류가 화성인의 후손이라고 설정한 소설이 있다고 해볼까요.[6] 인류가 지구에서 진화했다는 우리의 이론과는 반대되는 설정입니다. 그렇다면 이 소설은 인류가 지구의 유인원과 유전적으로 매우 흡사한 이유는 무엇인지 설명해야 합니다. 인류가 화성 출신이라면 유인원과 생물학적으로 아무 연관이 없어야 하는데, 둘은 우연치고는 너무나 닮았으니까요. 좋은 사변소설이라면 이 사실을 무시해서는 안 됩니다. SF가 비현실을 가정할 때는 "체계적이고 타당하고 엄밀히 논리적인 내용만을 지어내야 하며, 기존의 지식으로 알려진 내용을 위반하는 일이 없게 해야"[7] 합니다.

일어나지 않은, 일어날지도 모르는

판타지와 비교해서 SF를 정의하는 예도 있습니다. 판타지

---

5 로버트 A. 하인라인, 『사변소설 쓰기 On Writing of Speculative Fiction』(1947) 참조.
6 하인라인이 『사변소설 쓰기』에서 든 예시입니다.
7 조애나 러스, 『SF는 어떻게 여자들의 놀이터가 되었나』, 나현영 옮김, 포도밭출판사, 2020, 34쪽.

는 SF와 인접한 장르이니, 둘을 대조하면서 차이를 찾는 것입니다. 작가이자 비평가인 새뮤얼 딜레이니가 정리한 바에 따르면, "판타지는 일어날 수 없는 일"이지만 "SF는 일어나지 않은 일"입니다. 판타지의 재미는 현실을 부정하는 데서 나오지만, SF의 재미는 가능성을 탐구하는 데시 발생합니다.

이런 관점으로 보면 SF는 현실과 가능성 사이에 존재합니다. SF에서 다루는 미래나 과거는 실제와 다소 다릅니다. 일어나지 않은, 그러니 앞으로 일어날지도 모르는, 혹은 과거에 일어났을지도 모르는 일입니다. 아직 실현되지 않은 가능성입니다. 정확히 예측할 수 없는 영역의 이야기이기에 '어쩌면?'이라고 상상하게 돼요.

물론 그럴싸하고 가능해 보이는 판타지, 터무니없어서 불가능해 보이는 SF도 있습니다. 가능성 유무는 장르 본연의 재미가 무엇이냐는 질문에 대한 여러 답 중 하나입니다.

인지적 소외의 문학

SF의 핵심을 '인지적 소외'로 보기도 합니다. 비평가 다르코 수빈이 제시한 개념으로, 수빈은 '과학' 대신에 중립적인 의미인 '인지'를 썼습니다. 인간의 사고 작용 전반을 가리키는 말이지요.

'소외'는 SF가 독자에게 불러일으키는 효과에 중점을 둔 말입니다. 앞서 보았듯, SF는 기본적으로 우리에게 친숙한 현실 세계를 재료로 씁니다. 하지만 결국 비현실적인 세계를 만듭니다. 덕분에 SF에서는 낯설고 생소한 느낌이 납니다. 그런데 SF를 다 읽고 나면 도리어 현실이 낯설게 보입니다. 원래는 당연하게 여겨서 신경 쓰지 않았던 것들이 눈에 들어옵니다. 현실과 거리를 두게 되지요. 이런 효과가 소외입니다.

예시로 김초엽의 단편소설 「마리의 춤」을 보겠습니다. 작중에는 시지각 이상을 갖고 태어난 사람들, '모그'들이 나옵니다. 이들은 눈으로는 잘 보지 못하지만 대신 다른 감각을 공유합니다. 현실이라면 모그는 장애인입니다. 하지만 작중에서 그들은 '플루이드'라는 보조 장치를 통해 새로운 세상을 감각합니다. 소설을 읽고 나면 의문을 품게 되지요. 현실에서도 어쩌면 '장애'가 '다른 감각'이지는 않을까? 내가 편견에 갇혀 있던 것은 아닐까? 이렇듯 SF 독자는 소설이라는 거름종이로 정제된 현실을 봅니다. 그로 인해 자신의 현실을 사뭇 낯설게 느끼게 됩니다.

소외 효과가 일어나는 이유는 작품 속 세계에 무언가 새로운 것이 등장하기 때문입니다. 수빈이 보기에 이러한 새로움[8]은 SF의 필수이자 핵심 요소입니다. SF는 현실 규범과 다른, 우리의 일상과 충돌하는 장치를 만들어야 합니다. 익숙한 관념을 뒤집고 독자의 생각을 성큼 움직이게 만들어야 합니다.

수빈의 정의는 SF의 성취를 이야기할 때 널리 쓰이고 있지만, 비판도 많이 받았습니다. SF의 범위를 상당히 엄격하게 제한하기 때문입니다. 아무리 전형적인 SF로 보이는 작품이라도 인지적 소외와 별 관련 없는 경우도 많습니다. 수빈의 정의에 따르면 이는 SF가 아니라고 분류됩니

---

[8] 수빈은 독일의 철학자 에른스트 블로흐의 개념을 빌려 이를 '노붐^{novum}'이라고 부릅니다.

다. 덕분에 사람들이 SF라고 판단하는 기준을 충분히 설명하지 못합니다. 그래도 인지적 소외는 SF의 핵심 기능과 효과를 보여준다는 점에서 여전히 중요한 개념입니다.

그냥 그것

순환 논리로 보이는 정의도 있습니다. 미국의 작가이자 비평가인 데이먼 나이트는 "과학소설은 우리가 그것을 말할 때 가리키는 것"[9]이라고 했습니다. SF 장르 전체를 관통하는 공통점은 없냐고 인정하는 말입니다. 언뜻 보면 장르를 정의하기를 아예 포기한 것처럼 보이지요. 비슷하게 노먼 스핀래드는 "SF는 SF로 출판되는 모든 것"이라고 말했습니다. 이경희는 장르가 일종의 해시태그라고 썼습니다. 만약 미스터리 스릴러 SF 소설이 있다면 그 작품에는 #SF #미스터리 #스릴러 태그가 붙습니다. SF인지 아니면 미스터리인지 싸울 필요가 없습니다. 또한 태그가 있으면 독자들이 작품 찾기가 쉬워집니다. '나는 #SF #포스트아포칼립스 소설이 재미있었어!' 하면 그런 태그가 붙은 책을 찾아 나서면 됩니다. SF를 정의할 때 이들은 매우 실용적인 요소를 사용합니다.

다만 재미있는 해석이 있습니다. 맥락을 떼고 보면 나이트가 쓴 '우리'는 마치 모든 사람을 말하는 것처럼 보입

---

[9] 셰릴 빈트, 『에스에프 에스프리』, 전행선 옮김, 정소연 해제, 아르테, 2019, 17쪽. 이 말이 나온 맥락은 이렇습니다. "과학소설이라는 용어는 잘못된 명칭이다. 두 부류의 애호가들에게 합의해서 하나의 정의를 내라고 하면 주먹다짐이 일어날 뿐이다. 더 나은 명칭이 만들어졌는데도(나는 하인라인이 제안한 '사변소설'이 제일 좋다고 생각한다) 지금은 과학소설이라는 이름이 통용된다. 그러나 〈새터데이 이브닝 포스트〉처럼, 그 이름이 우리가 그것을 말할 때 가리키는 것을 뜻한다는 점을 기억한다면, 딱히 해는 없을 것이다." 데이먼 나이트, 『경이를 찾아서: 현대 SF에 관한 에세이들In Search of Wonder: Essays on Modern Science Fiction』(1956).

니다. 누구나 SF를 정의할 수 있다는 뜻으로 보이고요. 하지만 존 리이더는 나이트의 정의를 깊이 해석합니다.[10] 맥락상 SF에 아무 관심 없는 사람은 '우리'가 아닙니다. SF를 모르거나 무시하는 사람도 우리가 될 힘들겠죠. SF를 만들고 팔고 읽고 좋아하는 다양한 사람들은 우리라 할 만합니다. 우리는 무엇을 SF라고 부를지 판단하며 SF의 배포와 수용에 적극적으로 개입합니다. 단지 우리 사이에 통일된 의견이 없을 뿐입니다.

결국 SF는 우리 안의 다양한 일원들이 상호작용하며 공유하는 모든 영역입니다. 여러 부문이 서로 다투고 협상하고 합의한 결과물입니다. 나이트의 말에는 "SF 장르의 비전 안으로 우리를 편입해주기를 간청"[11]하는 뜻이 들어있습니다. '그것'이라는 말은 SF라는 장르를 둘러싸고 여러 정의가 치열하게 다투고 있다는 사실과, 그 모두가 '우리' 안에서 일어난다는 사실을 짚어냅니다.

정리

여기까지 SF 장르의 정의를 살펴보았습니다. 당연한 말이지만 무엇이 정답이라고 하기는 어렵습니다. 한 정의에서 빠진 부분을 다른 정의가 지적하는 등, 여러 정의가 엎치락뒤치락 경합하는 중이기 때문입니다. 앞서 보았듯 '장르' 개념 자체가 이미 관습에 의존하는 느슨한 범주입니다. 경계가 명확하게 딱 떨어지지 않습니다. 더군다나 SF

---

10 John Rieder, "ON DEFINING SF, OR NOT: GENRE THEORY, SF, AND HISTORY", 〈Strange Horizons〉, 2013. 8. 26.
11 셰릴 빈트, 마크 볼드, 『SF 연대기』, 송경아 옮김, 허블, 2021, 28쪽.

는 시대와 지역 등에 따라 변화하고 있습니다. 다차원적이고 역동성이 있어요. 여러 정의가 병존하는 이유입니다.

어쩌면 이런 모습이 마냥 복잡하고 모호해 보일지도 모르겠습니다. 하지만 정답을 확정하지 못하더라도 장르를 정의하는 일은 중요합니다. 장르의 핵심을 포착하고, 역시를 정리하고, 각 부문을 대표할 만한 정전을 고르는 작업은 계속되어야 합니다. 이것이 바로 우리가 어떤 문화적 성취를 쌓고 있는지 이해하는 작업입니다. 동시에 SF 장르를 유지하는 데 능동적으로 개입하는 작업이기도 합니다. SF에 관한 논의가 현재진행형이라는 점은 반가운 일입니다. 그래야 SF가 시대에 낙오되지 않고 계속 흥미로운 장르가 될 테니까요.

4. SF를 읽는 방법

SF가 무엇인지 봤으니 드디어 SF를 읽을 차례입니다. 시에 시의 독법이 있듯이 SF도 익숙해지면 좋을 독법이 몇 가지 있습니다. 물론 독법이라 해도 반드시 지켜야 하는 규칙은 아닙니다. 그보다는 도움말에 가깝습니다. 처음 SF를 읽을 때 생경하게 느낄 만한 부분을 짚어보았어요. SF 장르의 특징과 관련된 내용입니다.

틀린 세계를 인정하기: 알면서 틀리는 소설

SF는 과학책이 아니라고 했습니다. 동시에 SF의 허구는 논리적이고 합리성이 있다고도 했습니다. 두 가지는 언뜻 모순되어 보입니다. 이를 융화시키는 규칙이 바로 'SF는 불가능한 줄 알면서도 가능하다고 한다'입니다.

현재 정립된 우리의 지식으로 볼 때 시간여행은 과학적으로 불가능한, 즉 틀린 이야기입니다. 초광속 이동, 문어를 닮은 화성인, 광선검은 과학적으로 틀려요. 하지만 SF는 틀린 줄 알면서도 이런 이야기를 합니다. 김보영은 'SF는 대놓고 틀려도 되지만, 의도하지 않은 곳에서는 틀리면 안 된다'고 썼습니다.[12] 그냥 오류는 안 됩니다. 어디까지나 계산된 틀림만이 허용됩니다. 그게 이야깃거리를 만들고, 작품에 내적 합리성과 개연성을 부여합니다.

배명훈은 이렇게 썼습니다. "틀린 세계가 더 사실적일

---

[12] 김보영, 「SF를 쓴다는 것」, 『한국 창작 SF의 거의 모든 것』, 케포이북스, 2016, 46쪽 참조.

수 있다. 그리고 적어도 문학 안에서는 그 틀린 세계가 더 아름답거나 재미있을 수 있다."[13] 소설은 세계를 그대로 재현하지 못합니다. 무엇을 크게 보여주고 무엇을 없앨지 선별해야 합니다. 의도적으로 왜곡된 세계를 만들어야 합니다. SF 소설은 현실을 왜곡할 뿐만 아니라 틀린 이야기를 합니다. 세계를 현실 바깥으로 확장합니다. 의도적으로 틀린 소설은 독특하고 재미있습니다.

그러니 틀린 세계를 부정하지 말고, 다른 세계로서 있는 그대로 받아들일 것, 이게 SF를 읽을 때의 지침입니다.

인물의 머리 위를 바라보기

소설에서는 보통 인물이 중요합니다. SF 소설에서도 물론 인물이 중요합니다. 하지만 SF는 모처럼 다른 세계를 만드는 장르이니, SF를 읽을 때는 인물 말고 다른 요소에도 관심을 환기할 필요가 있습니다. 배명훈의 에세이 『SF 작가입니다』(2020)에서는 이를 "인물 100% 설정 끄기"라고 부릅니다. 저는 인물의 머리 위를 보라고 말하고 싶습니다. 인물의 내면이나 얼굴에서 눈을 떼고, 인물을 둘러싼 전체 모습을 보는 것입니다.

오히려 세계로 눈을 돌릴 때야말로 SF의 독특한 재미가 나오는 순간입니다. 정세랑의 「리틀 베이비블루 필」은 치매를 치료하는 하늘색 신약이 개발된 다음의 이야기입니다. 이 약을 먹으면 세 시간 동안 생긴 일을 평생 또렷이 기억할 수 있어요. 학교에서는 암기 시험이 사라집니다.

---

[13] 배명훈, 「세계 분석을 기다리며」, 〈문학과사회〉 2014년 봄호, 449쪽.

배우들은 대본을 외우려 노력하지 않아도 됩니다. 약을 먹은 사람들은 형사 사건의 증인으로 활약합니다. 목격한 내용을 잊지 않으니까요. 행복한 순간을 기억하기 위해 약을 먹는 일도 유행합니다. 소설은 인물 하나에 집중하기보다 세상의 이모저모를 단편적으로 둘러봅니다. 그리고 사회 전체, 세상 자체가 변화하는 결말로 나아갑니다. 하늘색 약으로 인해 사람들은 기억력에 손상을 입고, 몇십 년이 지나자 약을 먹지 않고는 아예 기억을 못하게 됩니다. 전쟁, 학살, 독재, 살해와 같은 비극이 쉽게 잊힙니다. 큰 규모의 이야기지요. 소설은 인물의 머리 위를 스쳐 지나가는 방법으로 짧은 분량 안에 효과적으로 내용을 전달합니다.

듀나의 『아직은 신이 아니야』(2013)나 레이 브래드버리의 『화성 연대기』(1950)도 시간과 공간을 훌쩍훌쩍 뛰어넘으며 거대한 변화가 일어나는 모습을 포착합니다. 『화성 연대기』는 인류가 처음 화성을 방문하는 내용으로 시작해, 인류가 화성에서 사라진 후의 풍경을 묘사하며 끝납니다. 중간에 인상적인 인물들이 등장하긴 하지만 결국은 화성이 이야기의 중심입니다. 화성만이 마지막까지 남기 때문입니다. 그러니 독자는 화성이라는 세계 자체를 인상적으로 받아들이게 됩니다. 소설은 오랜 시간과 넓은 공간을 다루는 만큼 깊은 비감을 남깁니다.

결말을 받아들일 때도 마찬가지입니다. SF에는 인물 내면으로 폭발하기보다 인물 바깥의 세계를 향해 폭발하는 결말이 많습니다.[14] 그래서 SF를 읽을 때 인물에만 집중

---

14 배명훈, 『SF 작가입니다』, 문학과지성사, 2020, 100~101쪽.

하면 '왜 딴소리를 하다 끝나지?' 하게 됩니다. 반대로 SF 독자는 다른 소설을 읽으면 '왜 밍밍하게 끝나지?' 해요. 장르가 다른 만큼 관습이 다르고, 독자가 은연중에 기대하는 결말도 다른 것입니다. 독법에 차이가 있다는 사실을 인정해야 합니다. SF의 문학성을 믿고, SF의 방식을 익혀보세요.

기존 텍스트 참고하기

SF 세계에는 이제까지 나온 수많은 SF 텍스트가 층층이 겹쳐져 있습니다. 이렇게 형성된 거대하고 추상적인 집합을 메가텍스트라고 합니다. SF 작가들은 과학 이론, 용어, 발명 등을 종종 공유합니다. 다른 작가가 이전에 사용한 개념에 빚을 집니다. '우주선'이나 '외계인'은 어떤 작가나 작품이 혼자 쓰는 개념이 아닙니다. 그렇게 SF 작품들은 메가텍스트라는 집합 내에서 조금씩 이어져 있습니다.

예를 들어 타임머신을 생각해보세요. H. G. 웰스의 『타임머신』(1895) 이후 많은 작가가 타임머신이라는 개념을 활용해 시간여행 소설을 썼습니다. SF 세계에는, 말하자면 시간여행의 마을이 형성되어 있습니다. 새로이 시간여행을 다루는 작가는 그 마을에 자기 집을 짓습니다. 마을을 돌아다니면서 목 좋은 자리를 찾고, 마을 사람들과 인사도 나누어야겠지요. 마을의 규칙을 공유하되 자신의 방법으로 이를 해석하겠고요. 그렇게 기존의 메가텍스트와 관계를 맺습니다.

한편으로 SF 메가텍스트는 거대한 백과사전과 같습니다. 백과사전에서 시간여행 항목을 찾으면 시간여행 마을의 모습이 다 들어 있을 것입니다. 시간여행을 다루는 작품, 기법, 주제, 그들 간의 관계 등이 모두 정리되어 있을 테지요.

이런 점에서 SF 메가텍스트는 유용한 개념이 잔뜩 든 도구상자이기도 합니다. 작가는 메가텍스트를 참조하여 아이디어나 참고자료를 얻을 수 있습니다. 타임머신이라는 개념을 처음부터 만들어낼 필요가 없습니다. 다른 사람이 이미 유용한 도구를 넣어두었기 때문입니다.

더군다나 인간의 상상력은 한계가 있으므로 기존 작품을 모른 채로는 뻔한 이야기를 쓰기 십상입니다. 혼자만 새롭다고 느끼는 진부한 소설을 내놓을 가능성이 큽니다. 반면 기존의 풍경을 잘 알면 무엇이 새로운 이야기인지 판별하기가 쉬워집니다. 도구를 잘 사용한 경우입니다.

독자는 SF 메가텍스트를 통해 개념이나 아이디어를 빠르게 익힙니다. 시간여행, 평행우주, 클론, 안드로이드, 외계인, 사이버스페이스 등은 SF 메가텍스트에서 익히 알려진 개념입니다. 덕분에 SF 독자는 처음 읽는 소설의 설정에 빠르게 친숙해집니다. 예를 들어 아이작 아시모프의 『영원의 끝』(1955)에는 '영원'이라는 타임머신이 나옵니다. 소설에서 영원을 타임머신이라 부르지 않아도, 독자는 '영원인'들이 시간여행을 한다는 내용을 쉽게 이해합니다. 작가는 불필요한 세부 사항은 건너뛰고 자기가 진짜 이야기하고 싶은 부분에 집중할 수 있습니다. 좀비물을 쓰는 작가는 이제 '좀비'가 무엇인지 일일이 설명하지 않아도 됩니다. 사람들이 여러 작품을 통해 좀비에 친숙해졌기 때문입니다.

이렇듯 SF 메가텍스트는 작가에게도, 독자에게도 유용합니다. 그리고 메가텍스트를 보는 방법 하나는, 기존에 존재하는 여러 작품을 읽어보는 것입니다. 따라서 SF를 많이 읽으면 읽을수록 SF를 더욱 잘 이해할 수 있습니다.

모르면 넘어가기

SF를 어려워하는 분들이 진입 장벽이라고 여기는 점이 '단어가 어렵다, 새로운 세계에 적응하는 데 시간이 걸린다'입니다. SF에는 신기한 고유명사, 과학적 아이디어, 비일상적인 개념이 등장합니다. SF를 꾸준히 읽으려면 익숙해져야 하는 것들이지요.

그러나 앞서 소설을 억지로 붙잡지 않아도 괜찮다고 했지요. 잘 모르겠다 싶으면 얽매이지 말고 넘어가도 됩니다. 읽다 보면 뒤에 설명이 나오는 경우가 많습니다. 잘 쓴 SF는 독자가 자연스럽게 작품에 친숙해지도록 안내합니다.

게다가 독자는 작가와 달리 설정을 세세히 몰라도 이야기를 즐길 수 있습니다. 미스터리의 트릭을 알아채지 못해도 괜찮듯이요. 알아가는 과정에서 재미가 나오기 때문입니다. 나아가 SF의 방식에 한번 익숙해지고 나면 다음 소설은 비교적 수월하게 읽힐 테지요.

다시 말하지만 세상에 재미있는 SF는 정말 많습니다. 이해하지 못하겠더라도 불안해하지 마세요. 다음 책을 찾아보세요. 그리고 살짝 추천하자면, 무엇을 읽어야 할지 모르겠을 때가 오면 이 책을 참고하세요.

2장

키워드로 읽는 SF

키워드 1

확장되는 세계 - 감각, 정체성, 관계

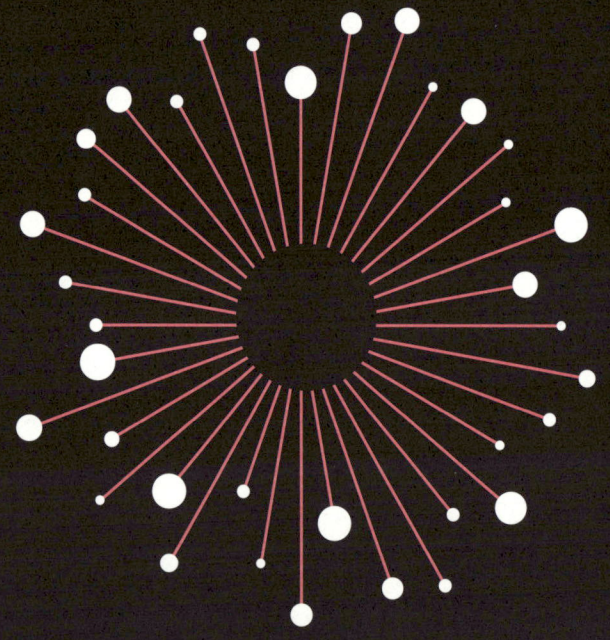

1. 감각의 확장

SF를 이루는 중요한 뿌리는 낭만과 경이감입니다. 과학이라는 말 때문에 자주 간과되는 부분입니다. 과학이라고 하면 으레 이성적이고, 실증적이고, 비인간적이고, 냉정하다는 이미지를 떠올리니까요. 게다가 대중적으로 알려진 SF의 이미지는 우주여행, 로봇, 외계인 등이죠. 소위 인간적이라고 부르는 요소와는 거리가 멉니다. 그래서인지 SF가 관계나 감정을 이야기하면 SF답지 않다고 느끼는 경우가 있습니다. 그러나 많은 SF가 다른 세계를 형상화하는 데 그치지 않고, 다른 세계 속의 인간을 조망함으로써 우리의 본질을 탐색합니다. 등장인물의 일상은 우리와 다르지만 그래서 오히려 우리와 그들의 근본적인 공통점이 강조됩니다. 공포, 환희, 깨달음, 놀라움, 의지, 이기심, 동경, 사랑 등이요.

오늘날 사람들이 흔히 생각하는, 치밀하고 사실적인 스타일의 SF는 나중에야 등장했습니다. SF의 출발점은 로맨스입니다. 여기서 로맨스는 사랑을 다루는 픽션이 아니라 노벨novel과 대비되는 문학 장르입니다. 낭만주의romanticism, 로맨스romance, 낭만은 연결되어 있습니다. 앞서 소개했듯, SF 전문 잡지를 창간한 휴고 건즈백은 SF를 "새로운 종류의 로맨스"라고 칭했습니다. 영국에서는 과거 SF를 과학적 로맨스scientific romance라고 불렀고요.

역사적으로 노벨은 사실주의에 따라 현실 사회를 포착하려 했습니다. 반면 로맨스는 비현실적, 환상적, 낭만적인 이야기를 했어요. 인간의 자유를 중시하며 '저 너머'의 세계를 염원했습니다. 로맨스의 인물 묘사는 사실적이기보다는 전형적이었습니다. 세부 사항을 생략하고 본질적인 면에 집중했습니다. 낭만주의 문학의 대표적인 작가로 꼽히는 너새니얼 호손은 노벨과 로맨스를 이렇게 비교했습니다. "노벨은 가능성 외에도 개연성에 충실해야 하는 반면, 로맨스는 인간 마음의 진실에 관한 것"[15]이라고요.

그러니 SF의 근원은 다른 세계를 향한 낭만입니다. 다만 과학을 이용해 비현실에 합리성을 더한다는 점에서 색다르고 새로웠던 것이지요. 로맨스에서 출발한 SF는 상상의 세계와 불가능한 사건을 꿈꿉니다. 인물들은 '저 너머'의 목표에 도달하지 못할 줄 알면서도 '지금-여기'의 자리를 벗어나려 합니다. 이러한 추동이 SF라는 장르가 피어나도록 만든 뿌리입니다.

현재도 낭만은 SF의 한 축을 차지하고 있습니다. 우리는 SF를 통해 리얼리즘 소설에서 다루지 못하는 범위의 서사를 맛봅니다. 우리의 일상은 현실에 매여 있지만, 소설에서 느끼는 먹먹하고 아득한 느낌은 오래도록 남습니다. SF는 우리의 감각을 현실 너머로 확장합니다. 예를 들어 김초엽의 「우리가 빛의 속도로 갈 수 없다면」은 '저 너머'로 향하는 우주여행을 토대로, 주인공 '안나'의 이야기를 낭만적으로 그립니다.

작중 인류는 빛보다 빠르게 목적지에 도착할 수 있는 우주여행 기술을 개발했습니다. 공간을 왜곡하여 순간이

---

15 너새니얼 호손, 『일곱 박공의 집』, 정소영 옮김, 민음사, 2012, 7쪽.

동을 하는 '워프 항법'과, 우주 여기저기에 뚫린 일종의 비밀 통로인 '웜홀'을 이용하는 방법입니다. 워프를 이용하면 공간을 도약하여 이동 시간을 극적으로 단축할 수 있습니다. 그래도 별에서 별로 이동하려면 몇 년이 걸려요. 웜홀은 들어가기만 하면 순식간에 통로 반대편으로 이동할 수 있습니다. 워프 항법보다 훨씬 빠르고 편리한 방법이시요. 웜홀을 발견한 사람들은 금세 워프 항법을 버립니다. 워프로 항행하던 정기 우주선은 더는 다니지 않습니다.

덕분에 '먼 우주'의 개념이 바뀝니다. 이전에는 지구에서 멀어야 먼 우주였다면 이제는 웜홀에서 멀면 먼 우주입니다. '슬렌포니아' 항성계는 순식간에 먼 우주로 변했습니다. 근방에 웜홀이 없기 때문입니다. 그곳은 지구에서는 도저히 살아서 도달하지 못할 장소가 됩니다. 이 사실은 안나에게 크나큰 비극입니다. 가족은 슬렌포니아로 떠났는데 안나는 간발의 차로 지구에 혼자 남았기 때문입니다. 가족들이 같은 우주에 있다는 사실은 안나에게 아무런 위안이 되지 못합니다. 어차피 그들에게 영영 닿지 못할 테니까요.

안나는 지금-여기에, 그들은 저 너머에 있습니다. 우주는 막막할 정도로 광활한 공간입니다. 빛처럼 빠르게 이동하지 못한다면 우리는 시간의 흐름을 고스란히 견뎌야 합니다. 별들 사이의 거리는 인간의 짧은 수명으로 감당하기에는 너무나 벅찬 규모입니다. 지금-여기에 매인 사람이 저 너머의 세계에 도달하기란 불가능합니다. 하지만 불가능을 꿈꾸며 저쪽으로 향하는 것이 바로 낭만이지요.

안나는 우주로 나아갑니다. 자그마한 우주선을 타고

기약 없는 여행을 시작합니다. 안나의 여행은 자살이나 다름없습니다. 가족들은 이미 세상을 떠났을 것입니다. 그러나 안나는 목표를 이루지 못해도, 여행을 완성하지 못해도, 살아 있는 한 무한을 향해 나아가기를 택합니다. 불가능한 줄 알면서도 초월을 시도합니다. 그야말로 현대의 새로운 로맨스입니다.

만약 소설이 서울과 부산 사이 정도의 거리를 배경으로 삼았다면 안나의 그리움은 평범해 보였을 것입니다. 왕복이 가능하니까요. 하지만 소설은 SF답게 비현실적이고 비일상적인 규모의 시공간을 활용합니다. 덕분에 안나의 선택 또한 특별하고 감명 깊은 결단으로 다가옵니다. 독자는 우주를 잣대로 삼아 안나의 감정의 깊이를 가늠합니다. 사람이 우주를 가로지르게 만들 정도면 보통 강력하고 끈질긴 감정이 아니지요. 평범할 뻔했던 그리움은 경이로운 것으로 변합니다.

경이감은 놀랍고 신기하다는 뜻이죠. SF의 특징을 설명하는 용어로서 경이감 sense of wonder 은 1940년대에 등장했습니다. 비록 오래된 개념이라 해도 SF가 선사하는 매혹을 설명하는 데는 여전히 의미가 있습니다. 여러 SF가 독자에게 거대하고 낯선 무엇이 존재한다는 감각, 그로 인한 두려움과 설렘을 선사합니다. 우리가 평소에 의식하지 못하던 영역을 비추며 우리의 인식을 환기합니다. 현실의 평면에 원근감을 더하고, 지금-여기보다 먼 곳을 바라보도록 돕습니다.

2. 정체성의 확장

낭만의 시간이 끝나면 우리는 현실로 돌아와야 합니다. 다만 원래의 현실로 돌아오는 것은 아닙니다. 우리는 확장된 감각을 품고, 조금은 다른 시각으로, 다소 낯설어진 현실로 돌아옵니다.

이를 통해 SF는 우리가 자신을 보는 방식을 바꾸기도 합니다. SF 소설의 무대는 현실의 일상이 아닙니다. SF의 인물은 우리 일상과 딴판인 경험을 하곤 합니다. SF를 읽는 독자는 자신의 현실에서는 겪지 못할 다채로운 상황을 간접적으로 경험합니다. 자신이 해보지 못할 역할을 구경합니다. 당연하게 여겼던 자신의 모습에서, 지금-여기에는 없었던 여러 잠재력을 발견합니다.

이런 효과는 청소년에게 더욱 유용하겠지요. 청소년 독자는 "선택적 동일시 작업을 통해 특정 작품을 '자신의 이야기 속에 통합해 들일 수 있고, 이를 매개로 하여 능동적으로 자기 정체성을 구성"[16]합니다. 이렇게 유연하게 비현실 속의 시뮬레이션에 참여합니다. 게다가 청소년은 능력과 경험의 불균형을 겪습니다. 아동보다 능력은 향상되었더라도 성인보다 활동에 제약을 받습니다. 그렇기에 청소년 인물을 내세운 SF는 기존의 질서와 대립하는 이야기를 수월하게 할 수 있습니다. 많은 SF 작품이 청소년을 주인공으로 삼는 이유 중 하나입니다.

---

16 박진, 「청소년문학은 SF와 결합하여 어떻게 진화하는가」, 〈창비어린이〉 2010년 겨울호, 190쪽.

예를 들어 은네디 오코라포르의 『빈티: 오치제를 바른 소녀』(2015)는 여러 독자에게 낯설게 느껴질 것입니다. 이 시리즈의 주인공 '빈티'는 아프리카 문화권을 연상시키는 부족 출신입니다. 빈티의 부족은 몸에 진흙을 바르는 관습을 지킵니다. 부족의 여자들은 깨끗한 흙과 꽃으로 '오치제'라는 붉은 진흙을 만들어 바릅니다. 빈티도 마찬가지입니다. 하지만 빈티는 부족의 전통에 따라 아버지의 일을 물려받는 대신, 고향을 떠나 대학에 가기로 해요. 수학에 천재적인 재능을 지닌 덕에 외계 행성의 대학에 입학할 기회를 얻었기 때문입니다. 빈티는 자기 부족과 외계 행성이라는 두 문화권이 충돌하는 지점에 섭니다.

오치제 바르기는 외부인이 보기에 '미개한' 관습입니다. 여자만 오치제로 몸을 가려야 하므로 성차별적인 측면도 있습니다. 하지만 대학에서 빈티는 오치제를 바르며 소속감과 자긍심을 유지합니다. 『빈티』에서는 좋고 나쁨이 단순하게 갈리지 않습니다. 그리고 빈티가 처한 복잡한 상황 덕분에 빈티는 외계에서 벌어지는 전쟁을 막는 중재자가 됩니다.

대부분의 한국 독자는 빈티와 다른 상황에 놓여 있겠지만, 이 이야기를 읽으면서 나름대로 빈티를 이해할 것입니다. 문화적 충돌이 일어날 때 당사자가 어떤 갈등을 겪는지 어림짐작하거나 자신의 갈등을 빈티의 갈등과 비견합니다. 그리고 빈티처럼 고민스러운 상황에 놓일 때 어떻게 행동할지 배웁니다. 우리는 빈티처럼 다부진 중재자가 될 수 있을까요? 자신의 뿌리를 자랑스럽게 여길 수 있을까요? 대다수가 일상에서 떠올리기 어려운 질문입니다.

이렇듯 우리는 SF가 선물하는 낯섦을 통해 자신의 정체성을 실험합니다.

SF가 설정하는 무대의 폭이 아주 넓은 덕분에, 주인공의 역할 또한 다양하게 변주됩니다. 청소년 소설의 대표 주제는 집, 학교, 가족, 친구, 첫사랑, 자아 정체성 등입니다. 그러나 청소년 SF는 이런 진숙한 주제에 비현실적 소재를 활용해 독특한 화음을 만듭니다.

전수경의 『별빛 전사 소은하』(2020)의 주인공 '소은하'는 평범하고 조용한 학생입니다. 학교에서 은하의 별명은 외계인입니다. 눈치가 없고 유별나다고요. 그런데 알고 보니 은하는 진짜 외계인입니다. 은하의 엄마는 은하에게 조곤조곤 설명해줍니다. 지구는 우주 사회 기준으로 변방 행성이고, 다른 이들에게는 지구인이 외계인이라고요. 우주 사회는 다양한 외계인이 '함께 살아가는 곳'입니다. 은하의 시야는 학교를 벗어나 우주에 이릅니다. 외계라는 먼 풍경 덕에 색다른 원근감이 생기지요. 은하의 이야기에는 가족, 학교, 친구 등이 등장하지만 은하가 활약하는 무대는 지구 전체입니다.

천선란의 『나인』(2021) 역시 지구에서 자란 외계인이 주인공입니다. 주인공 '유나인'은 어느 날 자신이 외계인이라는 사실을 깨닫습니다. 손가락에서 새싹이 자랐기 때문입니다. 갑자기 식물의 목소리가 들리고요. 나인의 첫 번째 고민은 자신이 정말로 외계인이냐는 점입니다. 보통 사람들이 아이였다가 어른이 되는 혼란을 받아들여야 하듯, 나인은 지구인이었다가 외계인이 되면서 겪는 혼란을 해소해야 합니다.

나인의 두 번째 고민은 '친구들이 외계인인 나를 이해해줄까?'입니다. 나인은 친구가 자신이 외계인이라는 말을 믿어줄지, 믿더라도 이상하게 여기며 멀어지진 않을지, 혹은 정체를 숨겼다고 비난하지 않을지 걱정합니다. 친구와 갈등을 겪는다는 점에서는 여타 청소년 소설과 유사하지만, 갈등의 양상이 다소 다르지요.

나아가 나인은 자신의 능력을 어떻게 사용할지 고심합니다. 식물의 목소리를 들으면 평범한 지구인은 모르는 세계를 알게 됩니다. 나인은 자살했다고 알려진 학교 선배의 죽음에 얽힌 진실을 알아챕니다. 하지만 이를 밝혀야 하는지 갈등합니다. 진실을 고발하려면 그걸 알게 된 경위를 말해야 하고, 그럼 자신이 외계인이라고 고백해야 할 텐데, 어른들은 안 믿어줄 테니까요. 나인은 고민하며 자신이 무슨 일을 할 수 있는지, 그리고 무슨 일을 하고 싶은지 차차 깨닫습니다. 그렇게 보통의 지구인과 사뭇 다른 경험을 하며 자신이 어떤 사람인지 이해합니다.

3. 관계의 확장

SF는 인물과 독자가 자신을 새롭게 보게 하듯, 주변의 관계를 새롭게 조명합니다. 만약 부모를 고를 수 있다면 우리는 어떤 가족을 형성하게 될까요? 가족을 어떻게 바라보게 될까요? 오늘날 우리의 가족관계에 존재하는 많은 요소가 사라질 것입니다. 하지만 친밀한 감정과 서로를 이해하려는 마음은 그대로 남을지도 모릅니다. 생득적으로 정해진 것이 아니라 자신이 선택한 관계이므로 가족이 더욱 소중해질 수도 있고요. 이렇듯 생소한 형태의 관계를 보며, 우리는 우리가 맺는 관계에서의 가능성 역시 탐색합니다.

부모와 맺는 관계를 이야기하기에 이희영의 『페인트』(2019)는 적절한 작품입니다. 작중 사회에는 부모가 양육을 거부하는 경우 자녀를 대신 맡아주는 국가 기관이 있습니다. 국가에서 양육하는 NC(Nations Children)들은 미성년기에 부모를 직접 결정할 권리를 보장받습니다. 아이가 부모의 면접을 보는 것입니다. 양육을 자청하는 예비 부모들은 세 번의 면접(페인트)을 거쳐 아이의 선택을 받아야 가족이 될 수 있습니다.

주인공 '제누 301'은 나이가 18살이 되도록 부모를 선택하지 않습니다. 그런 제누에게 나타난 마지막 부모 지원자는 다른 후보자들에 비해 서툴러 보이는 사람들입니다. 그들은 자신의 부족한 점을 솔직하게 드러냅니다. 언뜻 준비가 덜 되어 보이기도 하지요. 그들은 대신 제누에게 함께 성장하자고, 그런 가족이 되자고 이야기합니다.

제누는 세 번의 페인트 동안 자신이 무엇을 원하는지 골몰합니다. 그리고 고민 끝에 자신에게 맞는 답을 고릅니다. 부모를 찾는 것보다 자신을 이해하는 게 우선이라는 답을요. 어떤 부모가 좋은 부모일지 판단하려면 자신이 어떤 사람인지 알아야 합니다. 제누가 가진 생각이나, 제누가 자기 자신이라고 믿는 요소들은 그저 외부에서 온 것일지도 모릅니다. 부모 자식 관계를 맺어야 한다는 생각조차 그렇습니다. 제누는 페인트를 거치며 자기 내면에 질문을 던집니다. 우선 자신과 '친해진' 후에 자신이 어떤 관계를 맺을지 결정하기로 합니다. 제누가 센터 밖에서 예비 부모와 다시 만난다면, 그들의 관계는 훨씬 특별하고 진실해지겠지요. 가족이라는 이름으로 맺어지지 않더라도요. 그렇게 서로 노력하며 차츰 친해지는 모습은 우리가 관계에서 보편적으로 발견할 만한 본질입니다.

또 다른 친밀한 관계는 친구입니다. 친구는 가족이라는 울타리 밖에서 만나게 되는 첫 타인이며, 친구 관계는 우리가 서로 다른 환경에서 자라더라도 친밀해질 수 있다는 증거입니다. 특히 자신과 생판 다른 모습의 친구를 만나면 타인을 포용하는 범위가 넓어집니다. 자신과 다르더라도 이상하지 않다는 점을 배워요. 이상한 게 아니라 다른 거라는 사실을 깨닫습니다.

최의택의 『슈뢰딩거의 아이들』(2021)의 주인공 '시현'은 학당에서 여러 친구를 만납니다. 시현을 비롯한 아이들은 '정상'의 좁은 범주에서 한 발씩 벗어나 있습니다. 예를 들어 시현은 코다 [CODA, Children of Deaf Adults]로, 농인 어머니 아래에서 자란 청인 아이입니다. 그래서 입으로 구어를 사용하기도, 손으로 수어를 사용하기도 합니다. 시현이 생각하는 '듣는다'는 구어에 한정되지 않습니다. 시현에게는 몸으로 말하는 어머니의 모습이 자연스럽습니다. 동시에 시현은 다른 사람들은 어머니를 자연스럽게 여기지 않는다는 사실을 압니다.

> 나는 정말로 엄마가 부끄럽지 않다. 부끄러운 건 따로 있었다. 엄마가 수어로 말하는 장면을 찍어 오면 그걸 보고 담임 선생님이 보일 반응이, 그러면 우리 엄마는 농인이라고 자부심 있는 태도로 설명하지 않으면 죄책감을 느껴야 하는 나 자신이, 과거에 비하면 많이 나아졌다는데 여전히 나에게 이러한 고통을 안기는 사회가, 나는 부끄럽기 짝이 없었다.[17]

독자는 마치 친구를 통해 배우듯, 정상의 경계를 보는 시현을 통해 시현의 어머니를 이상하지 않게 보는 방법을 익힙니다. 학낭에서 만난 시현의 친구들에 대해서도 마찬가지입니다. '하랑'은 자폐 스펙트럼이고, '건이 선배'는 의족을 착용했습니다. 흔히 비정상이라고 불릴 만한 특징이지요. 사람들은 이들을 유령처럼 대하곤 합니다. 분명히 존재하는데, 제대로 보지 못하거나 없다고 치부합니다. 시현은 다른 비-정상 친구들과 함께한 덕분에 모두가 '자신의 존재를 증명하는 투쟁'을 하고 있다는 사실을 깨닫습니다. 그리고 친구들과 함께 가상현실 게임을 설계하며 '유

---

17 최의택, 『슈뢰딩거의 아이들』, 아작, 2021, 106쪽.

령'의 존재를 집어넣습니다. 이를 통해 다른 사람들이 직접 유령의 처지를 겪도록 만듭니다.

혹은 사랑으로 촉발되는 변화를 볼까요. 사랑은 사람을 움츠러들게 하지만 동시에 예상치 못한 경지로 유도하기도 합니다. 이서영의 단편「로보를 위하여」의 주인공 '이랑'은 늑대인간 혼혈입니다. 그리고 자신을 썩 좋아하지 않습니다. 아빠는 남자니까 늑대로 변해도 멋있지만, '여자애'가 늑대면 누가 좋아하겠냐고 시무룩합니다. 그러니 이랑은 보름마다 어설프게 변신하는 점도, 털이 숭숭 나는 점도, 자기만 친구들과 다르다는 점도 계속 신경이 쓰입니다. 변신하면 자꾸만 고기를 먹고 싶어지는 점도 못마땅합니다.

그러던 이랑은 어느 날 덜컥, 치킨을 시켰다가 그만, 치킨을 배달하러 온 남자애한테 한눈에 반합니다. 어설프게 변신한 상태였기 때문에 하필이면 반한 상대에게 정체를 들켰을지도 몰라요. 그 애는 나를 어떻게 생각할까, 이상하게 여기진 않았을까, 어떤 애일까, 계속 생각이 납니다. 아빠는 늘 '진짜 늑대로 변하려면 사랑을 해야 한다'고 말했지요. 사랑이 깊어질수록 이랑은 점점 더 진짜 늑대처럼 변합니다.

그런데 소설은 새콤달콤한 첫사랑에서 끝나지 않습니다. 그 애의 친구가 사망하면서 이야기는 크게 확장됩니다. 사인은 교통사고입니다. 친구는 그 애처럼 오토바이로 배달 아르바이트를 하던 학생이었습니다. 사장이 빨리빨리 배달하라고 압박한 탓에 서두르다 사고가 난 것입니다. 그 애를 포함한 학교 아이들은 어설프게나마 시위를 계획

합니다. 억울하다, 잘못됐다, 바꿔야 한다고 외칩니다. 이를 보는 어른들은 화를 내거나 폭력을 씁니다. 허튼짓하지 말라고요. 시위 현장에서 갈등이 폭발하려는 순간, 주인공은 처음으로 완전히 늑대로 변신합니다.

「로보를 위하여」는 정체성 이야기면서 첫사랑 이야기이고, 이렇게 보면 갱에 이야기이고, 힌편으로는 상대적으로 취약한 위치에서 일하고 있는 청소년 이야기입니다. 이 소설에는 개인의 고민과 사회의 고민이 엮여 있습니다. 늑대라는 비현실적 요소는 이야기를 너무 가라앉지 않게, 그러면서 깊이 있게 만듭니다. 소설의 초점이 사회문제로 확장되더라도 이랑은 그로 인한 폭력 앞에서 좌절하지 않습니다. 이랑의 역할이 비현실에 걸쳐 있는 덕분입니다. 이랑은 늑대이기에 무력하지 않습니다. 그래서 이랑과 그 애의 관계는 조금 특별해집니다.

이렇듯 우리는 소설을 통해 다양한 확장을 경험합니다. 현실 너머의 현실을 경험하기에 일상의 범위를 초월하는 감각을 느낍니다. SF의 비현실은 우리에게 잠재된 다양한 가능성을 자극합니다. 당연했던 현실을 당연하지 않게 보도록 합니다. SF가 끊임없이 다른 세계를 지향하기에 일어나는 일입니다.

키워드 2

유토피아와 디스토피아

1. 만들고 싶은 미래, 피하고 싶은 미래

흔히 환상적으로 좋은 낙원을 유토피아라고 하지요. 익히 알려진 사실이지만 유토피아는 토머스 모어가 『유토피아』(1516)를 쓰면서 만든 말입니다. 그리스어로 유토피아는 좋은^u 장소^{topos}라는 뜻입니다. 혹은 어디에도 없는^{ou} 장소라는 뜻으로도 읽힙니다. 둘은 발음이 비슷하니, 당시 지식인들은 두 의미를 다 읽었을 것입니다. 완벽한 이상향은 어디에도 존재하지 않는다는 것을요.

반면 디스토피아는 나쁜^{dys} 장소입니다. 유토피아의 반대말이므로 안티유토피아라고도 합니다. 반대말인 만큼 유토피아와 디스토피아는 관련이 깊습니다. 드래건 클라이치는 디스토피아를 '유토피아를 건설하려는 노력이 부작용으로 인해 부정적으로 나타난 곳'이라고 보았습니다. 많은 디스토피아 소설이 유토피아적 면모를 갖추고 있어요. 특히 특정 가치관에 따라 만들어진 가상의 세계라는 점이 닮았습니다. 그렇기에 유토피아와 디스토피아를 완전히 구별하기는 어렵습니다. 아무리 유토피아를 바람직하게 묘사하더라도 모든 이에게 이상적인 사회를 만들 수는 없습니다.

예를 들어 모어의 『유토피아』에서 유토피아 사람들은 누구나 필요한 물건을 원하는 만큼 공동 창고에서 가져갑니다. 모든 사람이 평등한 것처럼 보여요. 게다가 여성도 사제가 될 수 있는 등 당시 기준으로는 획기적인 설정이 나옵니다. 하지만 유토피아 섬에서 아내는 신전에 갈 때마다 남편에게 죄를 고백해야 합니다. 노예제가 있어 범죄를 저지른 사람은 노예가 됩니다. 유토피아를 지키라고 고용된 용병은 유토피아 사람 대신 전쟁에서 죽을지도 모릅니다. 이들이 완전히 평등하다고는 말할 수 없습니다. 유토피아의 사회는 모어가 살던 시대의 현실을 비판하기에는 적절했을지 몰라도 현재의 우리가 이상향으로 삼을 만한 모습은 아닙니다.

『에레혼』(1872)과 비교해볼까요. 새뮤얼 버틀러는 당시 산업화되는 영국 사회를 비판하며 이 책을 썼습니다. 에레혼은 어디에도 없는 곳^{nowhere}을 뒤집은 말입니다. 에레혼에는 기계가 없으므로, 기계에 쥐어짜이는 사람도 없습니다. 에레혼의 대학에서는 비이성을 가르칩니다. 학생들은 논리적이지 않아야 좋은 점수를 받습니다. 논리는 맞는 것과 틀린 것을 가르기 때문에 나쁩니다. 범죄는 질병이므로 범죄자는 치료를 받습니다. 반대로 질병은 죄악이므로 아픈 사람은 감옥에 갇힙니다. 사별을 겪거나 범죄 피해를 입은 경우에도 처벌받습니다. 불운은 자연의 벌이며, 사회의 법은 자연을 따라야 하기 때문입니다. 그래서 에레혼 사람들은 자신의 건강 상태를 필사적으로 숨깁니다. 에레혼은 유토피아일까요, 디스토피아일까요? 건강이나 부 등 행운을 타고난 사람은 에레혼을 안온하게 느낄지 몰라도, 불운한 일을 당한 사람은 괴로운 시간을 보낼 것입니다.

구별하자면 유토피아는 만들고 싶은 미래, 디스토피아는 피하고 싶은 미래입니다. 하지만 디스토피아 소설은 미래에 발생할지 모를 부작용을 미리 경고하여 우리에게 유토피아로 가는 길을 가르쳐줍니다. 사회를 짓누르는 억압에 저항하는 사람들 이야기를 들려주고요. 디스토피아의 긍정적인 기능입니다.

혹은 유토피아의 부정적 측면도 있습니다. 보통 유토피아는 저자가 지향하는 가치를 실현한 사회로 그려집니다. 모어의 유토피아는 (그가 생각하는) 평등이 실현된 장소였습니다. 실제로는 특정 가치가 강요되었던 닷에, 일부 사람들에게는 디스토피아가 될 수 있는 곳이었지요. 유토피아에서 행복해하는 사람들은 자기들 사회를 완벽하다고 여기곤 합니다. 이런 사회는 변화를 격렬히 거부합니다. 정체되어 있으려 해요. 유토피아 섬의 노예들, 에레혼의 아픈 사람들은 사회가 바뀌지 않는 한 계속 고통받을 것입니다.

그러니 오히려 불완전함을 인정하는 사회가 유토피아에 가깝습니다. 완벽한 유토피아는 정말로 '어디에도 없는 곳'입니다. 우리는 영원히 그곳에 도달하지 못합니다. 독일의 철학자 에른스트 블로흐는 유토피아를 결과가 아니라 과정으로 보아야 한다고 했습니다. 블로흐는 희망을 '아직-아니다'라고 표현합니다. 미래와 현재 사이에 격차가 있기에 우리는 희망을 품습니다. 아직 이루어지지 않은 미래를 향해 가고자 현실에 저항합니다. 이것이 현실을 변화시키는 동력입니다. 그렇다면 이상을 향해 나아가는 과정 자체가 우리의 최선입니다. 충돌이 허용되는 사회가 건강한 사회입니다.

이탈로 칼비노는 『보이지 않는 도시들』(1972)에서 지옥을 미래가 아니라 '이미 이곳에 있는 것'이라고 표현합니다. 지옥이 야기하는 괴로움에서 벗어나는 방법 하나는 지옥에 순응하는 것입니다. 지옥 바깥의 세상을 상상하길 그만둔다면 지옥에 빠진 상태를 자연스럽게 여기게 되겠지요. 하지만 우리는 다른 방법을 택할 수 있습니다. 지옥 속에서도 '지옥이 아닌 것을 찾아내고 그것들에게 공간을 부여하는 일'입니다. 유토피아가 언제나 '아직 아닌' 상태라면 현재는 언제나 안티유토피아입니다. 이러한 현재에서 유토피아의 요소를 찾고, 구별하고, 지속시키고, 이를 구현하려 노력하는 것이 미래로 향하는 방법입니다.

2. 떠나지 않고 싸우는 사람들

앞서 보았듯 디스토피아에는 유토피아의 요소가 있고, 유토피아에는 디스토피아의 가능성이 있습니다. 어슐러 K. 르 귄은 「오멜라스를 떠나는 사람들」이라는 짧은 글 속에 유토피아의 복합적인 면모를 녹여냈습니다.

작중 '오멜라스'는 아름답고 평화로우며 행복이 넘치는 도시입니다. 날씨는 온화하고 농작물은 풍성하며, 사람들은 건강하고 친절하고 지혜롭습니다. 단 한 명만 제외하고요. 오멜라스의 어느 지하실에는 한 아이가 갇혀 있습니다. 아이는 어릴 때 영문도 모른 채 끌려와 지하실에 외롭게 방치됩니다. 그렇게 오멜라스의 풍요를 전혀 누리지 못하고, 비참하고 무력한 나날을 보냅니다.

오멜라스 사람들은 누구나 아이의 고통에 관해 배웁니다. 부모들은 아이를 생각하며 자기 자녀들을 자애롭게 대해요. 아이의 고통이 오멜라스의 행복을 떠받칩니다. 대다수 사람들은 안타깝지만 어쩔 수 없는 일이라고 생각합니다. 아이 한 명을 구하려고 수천 명의 행복을 포기할 수는 없다고 여깁니다. 오멜라스는 단 한 사람을 제외한 모든 이에게 유토피아다운 사회입니다. 그 한 사람의 존재가 오멜라스를 디스토피아로 만듭니다. 어떤 사람들은 아이의 고통을 감수하기를 거부하고 오멜라스를 떠납니다. 자신들의 현재에서 '지옥이 아닌 것'을 구별하는 사람들입니다. 자신이 고통받는 당사자가 아니라도요.

오멜라스를 떠나는 사람들은 도시를 바꾸려 하지는 않

는다는 점에서는 도피적입니다. 이에 N. K. 제미신은 「남아서 싸우는 사람들」을 썼습니다. 오멜라스 대신 '움-헬라트'가 나와요. 발음이 비슷하죠. 움-헬라트도 오멜라스만큼 풍요롭고 따뜻한 도시입니다. 이곳에는 차별, 폭력, 혐오가 없습니다.

다만 범죄는 있습니다. 주로 누가 다른 세계와 교류할 때 일어나는 범죄입니다. 바로 다른 세계의 산물을 들여오는 일입니다. 움-헬라트 사람이 우리 같은 세계에 연결된다면 우리가 지닌 비윤리적이고 이기적인 생각을 배우겠지요. 움-헬라트는 이런 생각을 병으로 여깁니다. 그리고 병을 옮기는 사람을 죽여 없애려 합니다. 작중 집행자들은 어떤 아이의 부모를 처형합니다. 부모에게서 병에 전염된 그 아이는 도시를 증오하며 괴로워합니다.

그러나 움-헬라트는 오멜라스와 달리 아이를 격리하지 않습니다. 대신 아이가 증오를 이겨낼 수 있도록, 싸우는 사람이 되도록 가르치고자 합니다. 작중에는 이런 말이 나와요. 여기는 미국도, '버러지 같은' 오멜라스도 아니라고요. 움-헬라트 사람들은 기꺼이 아이의 고통을 분담합니다. 그리고 아이를 고통스럽게 만든 책임을 집니다. 자신이 옳다며 고통을 외면하는 일은 하지 않아요. 변명하지도 않습니다.

소설의 화자는 우리에게 움-헬라트를 떠나지 말기를 간청합니다. 그 아이가 존재한다는 사실을 우리가 알게 되었기 때문입니다. 정말로 아이의 고통을 줄이고 싶다면 떠나지 말고 싸워야 합니다. 그리고 아이의 고통을 아는 이상, 우리는 다음 행동을 선택해야 합니다. 훌쩍 떠나는 일은 어찌 보면 무의미하고 무책임한 행동입니다.

김초엽의 「순례자들은 왜 돌아오지 않는가」도 싸우는 사람들의 이야기입니다. 작중 '마을'은 타인을 있는 그대로 존중하는, 서로에게 상냥하고 안전한 공간입니다. 다름을 우열로 여기지 않는 이상적인 공동체입니다. 얼굴에 커다란 흉터가 있어도 아무도 업신여기지 않습니다. 다만 오멜라스 사람들이 지하실 속 아이의 고통을 배워야 하듯, 마을 사람들은 성인식을 치를 때 도시 '이타사'로 순례를 다녀와야 합니다. 마을 밖에서 무슨 일이 일어나는지 알아야 해요. 순례를 다녀와야만 성인으로 인정받기 때문입니다.

도시에는 차별이 만연합니다. 가난한 사람들은 넝마를 입고 슬럼에 삽니다. 부유한 사람들은 도심에서 매일같이 파티를 즐깁니다. 부유층은 태어나기 전부터 유전자 조작을 받아 매끈한 외모와 뛰어난 능력을 갖고 자랍니다. '개조인'처럼 태생 시술을 받지 못한 '비개조인'들은 열등하다는 취급을 받습니다. 비개조인의 여러 특성은 결함으로 치부됩니다. 그 탓에 비개조인은 "자신이 지능이 낮거나, 외모가 흉측하거나, 키가 작고 왜소하거나, 병들어 있다고 생각"[18]합니다. 도시는 개조인과 비개조인, 부유층과 빈곤층, 이쪽과 저쪽을 엄격하게 분리하는 공간입니다. 도시 사람들은 서로 섞이지 않습니다.

주인공 '올리브'는 도시에 노착해 처음으로 동정 또는 혐오를 받습니다. 얼굴이 깨끗하지 않기 때문입니다. 도시 기준으로는 비개조인이지요. 도시는 전혀 안전한 공간이

---

18 김초엽, 「순례자들은 왜 돌아오지 않는가」, 『우리가 빛의 속도로 갈 수 없다면』, 허블, 2019, 30쪽.

아닙니다. 그런데도 올리브처럼 어떤 순례자들은 도시에 머무르기를 선택합니다. 마을로 돌아가지 않습니다. 위험을 감수하고 도시에서 싸우기를 선택합니다. 저자 김초엽은 인터뷰에서 이렇게 말했습니다.

> 오멜라스를 떠나는 사람들이 매우 숭고하게 나오잖아요. 하지만 우리는 떠날 수가 없어요. 현실의 사람들은 떠나서 갈 곳이 없단 말이에요. 어디로 가든 나는 불합리한 구조에 연루되어 있고, 구조를 떠나서 생존할 수 없고, 구조의 부품이라는 게 우리의 현실이에요. 그렇다면 우리는 떠나는 사람들이 아니라 남아야 하는 사람들인데, 남는 사람들은 무엇을 할 수 있을까 생각했어요.[19]

올리브가 마을로 돌아가지 않을 수 있었던 동력은 사랑입니다. 올리브나 '데이지'처럼 도시에 남은 순례자들은 디스토피아에서 사랑을 찾아낸 사람들입니다. 이들은 소중한 타인을 발견합니다. 그리고 그 사랑으로 세상에 맞서기를 선택합니다. 도시는 서로 다른 사람들을 분리하려 하는 공간이니, 타인과 함께 행복을 누리려면 세상을 바꿔야 합니다. 도시를 바꾸는 과정은 괴롭지만 행복한 일입니다. 사랑은 강력한 힘이고요.

사랑을 찾지 못한다면 무엇으로 싸울 수 있을까요? 다시 「남아서 싸우는 사람들」을 볼까요. 분리주의 정책의 반대는 다양성입니다. 움-헬라트 사람들은 여러 피부색, 머

---

[19] 심완선, 『우리는 SF를 좋아해: 오늘을 쓰는 한국의 SF 작가 인터뷰집』, 민음사, 2022, 126~127쪽.

리카락 모양, 신체적 특징을 지니고 있습니다. 하지만 외양이 다르다고 말할 뿐 인종을 구별하지는 않습니다. 물론 이들이 완전히 섞여 있지는 않습니다. 일꾼과 장인처럼 육체노동을 하는 직군에는 검은 피부의 사람이 조금 더 많습니다. 기업 직원이나 전문직 직군에는 흰 피부의 사람이 조금 더 많습니다. 그래도 "이 상황은 악의보다는 역사로 인한 것이고, 지금까지도 적극적으로, 의도적으로 수정되고 있"[20]습니다. 누구도 다르게 생겼다는 이유로 인간성을 무시당하지 않습니다. 소설의 목소리에 따르면 이것이 바로 다양성입니다. 별다른 이유 없이도 타인을 존중하는 태도이지요. 특별한 힘을 지니지 않고도 취할 수 있는 방법입니다.

---

20 N. K. 제미신, 「남아서 싸우는 사람들」, 『검은 미래의 달까지 얼마나 걸릴까?』, 이나경 옮김, 황금가지, 2020, 22쪽.

3. 통제사회와 개인들

통제사회는 대표적인 디스토피아입니다. 이런 사회는 구성원의 언어, 감정, 생각, 가치관을 통제합니다. 사회는 절대적으로 옳고 그에 어긋나는 개인은 틀리다고요. 통제를 벗어나려 하면 '다른 사람 및 사회 체제를 보호한다'는 명목으로 처벌받습니다. 앞서 소개한 「남아서 싸우는 사람들」과도 비교할 만합니다. 움-헬라트에서 다른 세계의 차별과 폭력을 배우는 사람은 처형된다고 했죠. 그렇다면 움-헬라트는 통제사회일까요? 이를 판단하기 위해서는 사회가 추구하는 가치가 무엇인지, 어떤 방법으로 가치를 실현하는지, 개인의 자유는 얼마나 보장되는지 등을 살펴야 합니다. 이는 민주주의의 한계, 자유의 한계가 어디까지냐고 묻는 말로도 이어집니다. SF가 가상의 사회를 통해 현실의 우리에게 질문을 돌려주는 사례입니다.

조지 오웰의 『1984』(1949)는 전형적인 통제사회를 제시합니다. 제2차 대전 직후 냉전시대에 들어설 때 나온 소설로, 어느 정도 시대적 배경이 반영되어 있어요. 오웰은 미래사회를 전체주의가 지배하는 사회로 설정했습니다. 국가들은 통합되어 사라지고 세상에는 거대 국가 셋만 남습니다. 이들은 언제나 전쟁 중입니다.

주인공은 빅 브라더가 지배하는 오세아니아에 살고 있습니다. 오세아니아는 개인을 면밀히 감시하고, 기록을 조작하고, 언어를 획일화합니다. 오세아니아의 '신어'는 영어를 극히 단순하게 만든 언어입니다. 신어를 만드는 사람들은 어휘의 수를 줄이고 어려운 단어를 없앱니다. 예를 들면 '나쁘다^{bad}'를 없애고 '안 좋다$^{un\text{-}good}$'를 만드는 식입니다. 갈수록 쓸 수 있는 표현이 줄어들겠죠. 신어는 사람들이 깊이 생각하지 못하도록 만드는 언어입니다.

한편 '이중사고'도 『1984』의 유명한 통제 기제입니다. 사회는 개인들이 두 가지의 모순되는 신념을 동시에 지니도록 강요합니다. 예를 들면 사람들은 빅 브라더가 언제나 옳았다고 말해야 합니다. 그래서 빅 브라더의 결정에 맞춰 역사를 조작합니다. 이들은 역사가 조작되었다는 사실을 압니다. 하지만 동시에 조작된 역사가 원래부터 진실이었다고 믿어야 합니다. 조작과 진실은 양립 불가능하지만, 이중사고를 받아들인 자는 여기에 문제를 제기하지 않습니다. 이중사고에 따르면 "전쟁은 평화, 자유는 억압, 무지는 힘"입니다. 빅 브라더는 전쟁을 그만두는 대신 사람들로 하여금 전쟁 상태가 평화라고 말하도록 만듭니다.

『1984』의 주인공은 사랑하는 사람을 만난 후 통제에 저항하려 합니다. 하지만 견국 패배입니다. 앞서 사랑은 타인을 소중히 여기고 다름을 받아들이는 방법이었으나, 통제사회는 다름을 받아들이지 않습니다. 잘못된 사회구조를 그대로 유지하기 위해 개인을 삭제합니다.

김창규의 「벗」도 개인이 삭제되는 통제사회를 보여줍니다. 주인공 '현추'는 국가의 세뇌를 충실히 따르는 모범적인 군인입니다. 현추의 국가는 사람들의 머리에 기계를 심어 이들이 항상 '벗'의 목소리를 듣도록 만듭니다. 벗은 국가를 믿으라고, 국가에 충성하라고 속삭입니다. 수상한 움직임을 보이는 개인은 '의심점수'를 받습니다. 누가 점수를 매기는지 모르므로 사람들은 늘 조심해야 해요.

하지만 국가는 개인을 철두철미하게 통제했음에도 다른 국가에 패배합니다. 사실 여기서 다른 국가란 다른 평행세계입니다. 이쪽 세계와 비슷하지만 언젠가부터 다르게 발전한 세계를 평행세계라고 합니다. 평행세계는 서로 평행선을 그리기에 원래는 만날 수 없지만, SF에서는 여러 평행세계가 충돌하는 이야기가 종종 등장하지요. 작중 현추의 세계를 굴복시킨 평행세계는 사람들을 무한 경쟁으로 몰아넣는 사회입니다. 그들은 수단과 방법을 가리지 않고 자신을 입증해야 하고, 자신을 입증한 사람은 무슨 짓을 해도 됩니다. 현추의 세계와 달리 그곳에는 통제가 없습니다. 사회가 뒤로 물러나는 대신 개인이 극대화됩니다. 『1984』 같은 통제사회와 정반대로 발전한 세계입니다. 그런데 이렇듯 지나칠 만큼 개인에게 무게가 쏠린 사회 역시도 디스토피아라는 점이 인상적이지요. 지금 시대에 생각해볼 만한 점입니다.

혹은 매우 교묘한 통제를 그리는 소설도 있습니다. 율리 체의 『어떤 소송』(2010)입니다. '방법'이라고 불리는 작중의 통치 체제는 건강을 최고의 가치로 여깁니다. 불건강한 구석이 없는 완벽한 상태야말로 누구나 동의할 만한 가치이기 때문입니다. 여기서 건강은 정상이라는 뜻이고, 정상이면 건강한 것입니다. 방법은 매일의 운동 할당량을 보장합니다. 예를 들어 방법은 운동 할당량을 채우지 않는 개인에게 권고를 내립니다. 방법을 따르지 않는 이는 건강하지 못할뿐더러 정상인으로 대우받지 못합니다.

그런데 주인공 '미아'는 다소 건강하지 못한 상태입니

다. 미아의 남동생 '모리츠'가 자살했기 때문입니다. 그는 강간 살인으로 기소되어 감옥에 갇혀 있던 중이었습니다. 미아는 모리츠가 범죄를 저질렀다고 생각하지 않아요. 하지만 모리츠가 범죄자가 아니라면 그건 방법에 오류가 있다는 뜻입니다. 동생의 결백을 주장하는 미아는 반방법주의자로 몰립니다.

소설의 결말에 이르면 미아는 동생의 무죄를 입증합니다. 그러나 방법의 오류를 밝히는 순간 미아는 체제를 위협하는 병균 취급을 받습니다. 사회가 건강을 유지하기 위해 삭제해야 할 존재가 되어요. 다만 과거의 디스토피아에 비하면 방법은 훨씬 세련된 방식으로 개인을 통제합니다. 방법은 미아에게 협박과 고문을 가하더라도 미아를 공식적으로 처벌하지는 않습니다. 그랬다간 미아가 반방법주의자들의 순교자가 될 테니까요. 방법이 비윤리적이라는 인상을 줄 테고요. 대신 방법은 미아를 풀어줍니다. 미아는 아무 의미도 되지 못합니다. 방법은 변화하지 않습니다. 개인은 사회가 자신들을 통제하고 있다는 사실을 의식하지 못합니다.

사회와 개인이 균형을 맞추려면 무엇이 필요할까요? 『어떤 소송』의 모리츠는 병에 걸릴 자유를 주장했습니다. 자신을 둘러싼 보호막을 넘어 타인과 접촉할 자유입니다. 혹은 시행착오를 겪으며 성장할 자유이기도 합니다. 방법에 따르면 모리츠는 비정상인 사람이죠. 건강을 최고의 가치로 추구하지 않으니까요. 하지만 앞서 살폈듯 스스로 불완전하다고 인정하는 사회가 오히려 유토피아에 가까울 수 있습니다. 그러니 여러 가치가 병존하고, 서로 다른 개인이 접촉하고 교류하며 서로를 이해하는 것이 필요하겠지요. 사회는 개인들이 타인을 해치지 않도록, 다시 말해 공존이 가능하도록 적절한 보호를 제공해야 합니다. 오세아니아는 개인을 삭제했기 때문에, 「벗」의 평행세계는 사회를 삭제했기 때문에 부적절합니다.

한편 레이 브래드버리의 『화씨 451』(1953)은 오웰의 소설 속 신어에 저항하는 이야기로 읽을 수도 있습니다. 이 소설은 개인이 생각할 자유를 창출하는 기반으로 언어의 힘을 이야기합니다. 작중 사회에서 책을 소지하는 것은 심각한 범죄입니다. 책은 허황된 이야기를 하며 사람들을 혼란스럽게 만드는 위험물이기 때문입니다. 따라서 책을 발견하면 반드시 불태워야 합니다. 화씨 451도는 책이 불타기 시작하는 온도입니다.

책 대신 텔레비전 쇼와 광고가 사람들의 머릿속을 차지합니다. 시끄럽게 몰아치며 다른 생각을 못 하도록 만들어요. 다들 무언가에 정신이 팔려 있습니다. 사색에 잠기면 수상쩍은 사람 취급을 받습니다. 눈앞의 자극에 현혹되지 않는 사람은 어쩌면 현실 바깥의 세상을 상상하고 있을지도 모르니까요. 마치 책을 읽는 사람처럼요.

『화씨 451』에서는 국가가 전면에 나서지 않습니다. 국가보다는 자본주의가 사람을 통제합니다. 맞서야 할 대상이 분명하지 않아요. 사람들은 겉으로 보기엔 억압당하지 않습니다. 자기 선택으로 텔레비전 쇼를 소비합니다. 적어도 그렇다고 생각합니다. 그러니 누구와 어떻게 싸워야 할지도 흐릿하죠. 주인공 '가이'의 싸움은 내적 갈등으로 이어집니다.

가이는 더 많은 책을 읽고 더 많은 생각을 하고 싶어 합니다. 다행히 이런 세상에도 책은 남아 있습니다. 책을 태워도 사람의 기억을 불태울 순 없죠. 도시에서 도망친 가이는 '책사람들'을 만납니다. 책의 내용을 외워서 보존하기로 한 사람들입니다. 가이는 책사람들처럼 자기 자신이 책이 되기로 합니다. 책사람들은 도시 밖에 살아남아 자신들이 필요해질 때를 기다립니다. 도시 사람들이 얄팍하고 단순하게 현재를 소비하길 그만두고, 사색에 잠겨 세상을 심도 있게 바라보려 할 때가 오면 다시 책이 필요해질 테니까요.

4. 폭력이 없는 세상

마지막으로 체제보다 인간 본성에 초점을 두는 디스토피아를 보겠습니다. 주로 인간이 생화학적 동물이라는 점에 집중하는 소설입니다. 인간은 이성보다 본능이 앞서고, 호르몬에 쉽게 좌우되며, 폭력성을 내재한 생물입니다. 그러니 만약 호르몬 등의 신경전달물질을 적절히 조절한다면 인간의 습성을 바꿔서 사회를 변혁할 수 있습니다.

그런 점에서 낸시 크레스의 「마비」는 꽤 충격적인 내용을 담고 있습니다. 주인공은 '인사이드'에 사는 할머니입니다. 인사이드는 '피부줄무늬 병'이라는 전염병에 걸린 사람들을 격리해둔 지역입니다. 피부줄무늬 병에 걸리면 피부 곳곳에 수포가 솟아오릅니다. 이 병은 전염성이 워낙 강하고 감염 원인이 밝혀지지 않아서, 작중의 사회는 백신을 만들려 노력하는 대신 감염자들을 완전히 격리해버렸습니다.

격리 구역 바깥의 '아웃사이드'는 인사이드와 섞이길 극렬히 거부합니다. 병을 연구하거나 치료하려는 시도조차 불법입니다. 그러려면 환자와 만나야 하기 때문입니다. 시간이 지날수록 인사이드는 물리적으로, 그리고 사회적으로 철저하게 고립됩니다. 인사이드 주민은 투표권이 없습니다. 직업을 선택하거나 이사를 하는 데도 큰 제약을 받습니다. 인사이드에 살면 경찰서, 법원, 학교 등 공적 장소에 가지 못합니다. 바깥에서는 인사이드에 아무것도 제공하지 않으려 합니다.

하지만 이런 모든 결핍에 시달리면서도 인사이드는 평화롭습니다. 아웃사이드의 예상과 달리 폭동은 일어나지 않아요. 인사이드 사람들은 농사를 지어 자급자족하고 물물교환으로 경제활동을 합니다. 시간이 흐르고 나니 오히려 아웃사이드가 무법지대로 변합니다. 곳곳에서 폭동이 일어나고 도시가 불타 사라집니다. 인사이드를 제외한 세상 전반이 디스토피아가 됩니다.

사실 피부줄무늬 병은 두뇌에 약간의 마비를 일으킵니다. 바이러스가 두뇌의 신경전달물질 수용체를 바꾸기 때문에 환자들은 온화해집니다. 변화를 싫어하고 살짝 침체된 상태로 생활하게 되어요. 인사이드가 평화로웠던 이유입니다. 반면 아웃사이드 사람들은 다른 종류의 불감증을 겪습니다. 이들은 전염병은 피했을지라도 사회적으로는 환자입니다. "야만적이고 파괴적인", "일단 문명 속에 자리 잡기만 하면 질병만큼이나 멈추기가 어려운 불감증"에 걸렸기 때문입니다. 주인공의 손녀는 인류를 진정시키기 위해 몰래 아웃사이드에 전염병을 퍼뜨릴 생각을 합니다.

손녀처럼 아무것도 아닌 개인이 해낼 만한 일은 많지 않습니다. 변화를 일으키기도 전에 살해당할 가능성이 높습니다. 그래도 시도를 하는 쪽이 시도조차 하지 않는 것보다 낫지요. 혼자보다 둘이 낫고요. 둘이 셋으로 변하고, 다수로 늘어나면 혼자서는 불가능했던 일도 가능해질지 모릅니다. '어쩌면'을 생각하게 하는 소설이에요.

나아가 브라이언 스테이블포트의 「어느 성화학자의 생애」는 훨씬 긍정적인 변화를 기대합니다. 주인공 '조반니'는 수줍고 인기 없는 남자입니다. 그는 이성을 유혹하기 위해 약간의 최음제 효과가 있는 화학물질을 개발합니다. 손가락을 통해 물질을 분비하면 그에 닿은 상대방은 기분이 좋아집니다. 기분이 좋아진 진짜 원인을 모르니 상대방은 자기가 그를 좋아한다고 착각합니다. 조반니는 이를 통해 어느 여자와 결혼하는 데 성공합니다. 나중에 이 사실이 발각되어 크게 고생하지만요. 아내는 배신감을 느끼고 그에게 이혼 및 위자료 청구 소송을 합니다.

하지만 소설은 주인공이 괴로워하는 장면에서 끝나지 않습니다. 그가 개발한 물질은 세상을 한층 평화롭게 바꿉니다. 악수할 때 친밀감의 표현으로 화학물질을 살짝 분비하는 것이 유행처럼 퍼집니다. 그러니 타인과 접촉하는 행위는 늘 기분 좋은 일이 됩니다. 복싱처럼 남을 때리는 스포츠는 없어집니다. 모두가 남에게 친절하고 따뜻하게 행동하는 세상으로 변해요.

다만 소설 속 변화가 아무리 긍정적으로 보이더라도, 사람을 인위적으로 조작하는 발상 자체가 불편하게 다가올지도 모르겠습니다. 조반니가 개발한 화학물질은 인공적으로 만든 것이니까요. 하지만 이 물질은 인간이 자연스럽게 분비하는 물질을 따라한 것입니다. 외부에서 간섭하지 않아도 인간은 접촉으로 기분이 좋아질 수 있어요. 일부러 자주 접촉해서 호감을 이끌어내는 일과, 직접 화학물질을 만지게 하는 일은 본질적으로 얼마나 차이가 날까요? 자연과 인공, 진짜와 가짜를 구별하기는 의외로 어렵습니다. 그리고 변화의 원인이 가짜가 아니라면, 변화를 이상하게 여길 이유가 없습니다. SF가 열어주는 낯선 발상 중 하나입니다.

이산화의 「전쟁은 끝났어요」를 볼까요. 이 소설에도 호르몬 수용체 이야기가 등장합니다. 작중 연구에 따르면, 5-HT1E 수용체가 활성화된 개체는 특정한 냄새를 풍겨서 동료들을 진정시킵니다. 다른 개체들이 긴장을 풀고 온화하게 지내도록 돕습니다. 그러나 인류는 이 호르몬을 이용하지 못해요. 과거에 인구 상당수가 사망하는 사고를 겪은 낫에 5-HT1E 수용체가 활성화된 개체가 사라졌기 때문입니다. 주인공 '미나'는 사람들의 수용체를 활성화하는 방법을 연구합니다. 그리고 사람이 먹으면 비슷한 냄새를 분비하게 되는 약을 만드는 데 성공합니다. 미나는 연구소 사람들에게 몰래 약을 먹여서 그들이 점차 비폭력적으로 변하는 모습을 봅니다. 게다가 한번 냄새를 맡은 개체는 수용체가 활성화되므로, 그 자신도 냄새를 분비하여 다른 이들의 수용체를 깨우게 됩니다. 미나가 만든 변화는 점차 전 세계로 전파될 것입니다. 시간이 충분히 지나고 나면 모든 인류의 폭력성이 줄어들겠지요.

그런데 미나처럼 한 번에 획기적으로 세상을 바꿀 수 있다면, 세상을 한순간에 디스토피아로 만들 수도 있습니다. 유토피아와 디스토피아 사이의 거리는 그리 멀지 않습니다. 앞서 디스토피아 소설의 장점을 이야기했지요. SF는 여러 형태의 변화를 보여주는 장르입니다. 만들고 싶은 미래, 피하고 싶은 미래를 검토할 기회를 제공합니다. 그리고 세상이 언제나 변화하는 과정에 있다는 사실을 알려줍니다. 그런 '아직-아니다'가 바로 희망의 근원이었지요. 「전쟁은 끝났어요」의 저자 후기에도 비슷한 말이 나옵니다.

화학이란 물질의 변화를 연구하는 학문입니다. 화학의 세계에서 결합은 깨지고 구조는 재정렬되며 성질은 달라지게 마련입니다. 그러니 인간은, 인간이 만든 체계는, 인간으로 구성된 세상은 결코 있는 그대로 받아들여야 할 절대적인 개념이 아닙니다. 화학적으로 간섭할 수 있고, 부술 수 있으며, 어쩌면 느리고 온건하게나마 개선할 수 있을지도 모릅니다. 변화가 가능하다는 사실은 곧 위안이고 희망입니다.[21]

---

[21] 이산화, 「전쟁은 끝났어요」, 『전쟁은 끝났어요』, 요다, 2019, 253쪽.

키워드 3

페미니즘과 퀴어

1. '인간'의 권리와 여성의 권리

근대 이후에는 '인간'의 개념에 큰 변화가 일어납니다. 기존의 '인간'이 남성을 전제한다는 사실을 발견했기 때문입니다. 대표적인 예시가 프랑스 혁명 때 만들어진 「인간과 시민의 권리 선언」입니다. 모든 인간에게 자유롭고 평등한 권리를 보장해야 한다는 내용이 담겨 있어요. 그러나 '모든 인간'이나 '시민'이라는 표현에 여성은 들어 있지 않았습니다. 당시 프랑스는 남성과 달리 여성에게는 참정권을 비롯한 여러 권리를 인정하지 않았기 때문입니다.

이에 「여성과 여성 시민의 권리 선언」(1791)이 등장했습니다. 프랑스의 시민운동가 올랭프 드 구주가 만든 선언문입니다. 하지만 프랑스 의회는 인간의 선언을 받아들인 때와 달리 여성의 선언은 받아들이지 않았습니다. 게다가 구주는 정치적 활동을 이어가다 '여성의 덕성을 잃어버렸다'는 비난을 받으며 단두대에서 처형되었습니다.

구주는 '여성이 교수대에 오를 권리가 있다면, 연설 연단에 오를 권리도 있어야 한다'라는 말을 남겼습니다. 여성도 정치에 참여 가능해야 한다는 주장이었습니다. 이후 19세기에 이르면 영국 등 여러 나라에서 여성 참정권 운동이 펼쳐집니다. 페미니즘 역사에서는 제1물결이라고 부르는 흐름입니다. 여성주의자들은 주로 참정권, 재산권, 이혼권 등 시민으로서 동등한 권리를 주장했습니다.

20세기 중반에 이르면 페미니즘은 제2물결로 접어듭니다. 이때는 주로 사회적, 정치적, 문화적 평등을 추구했습니다. 아무리 법률이 동등한 권리를 인정한다고 해도 실제 생활에 다양한 차별이 존재했기 때문입니다. 여성에게는 여전히 가정을 지키며 남편을 뒷바라지하는 역할이 권장되었습니다. 예를 들어 1950년대에는 '트로피 와이프'라는 표현이 나왔습니다. 남자가 매력적인 여자를 아내로 삼아 마치 트로피를 따낸 듯 주변의 인정을 받는 모습을 가리키는 말입니다. 미국의 작가이자 여성운동가였던 마리 시어는 페미니즘을 이렇게 표현했습니다. "여자도 인간이라는 급진적인 생각"이라고요. 인간의 역사는 여성을 인간으로 대우하게 된 역사이기도 합니다.

문학의 분위기도 많이 바뀌었습니다. 여성이라는 존재에 주목하면서 여성 인물이 다양해지고, 여성의 이야기를 발견하려는 작품이 많아졌습니다. 여성 작가도 늘어났고요. 당연히 SF의 조류도 변화했습니다. 20세기 중반까지는 아무래도 남성중심적인 소설이 SF의 대세를 차지했습니다. 과학적으로 엄밀하기를 추구하면서도, 자연과학에 치중할 뿐 사회과학적 요소는 신경 쓰지 않는 경우가 많았죠. 외계의 존재들이 지구의 인류처럼 가부장제를 따른다고 설정하면서도 아무런 설명을 붙이지 않는 식이었습니다. 생식 과정, 자연환경, 생활방식이 다른데 사회 형태만 똑같다면 그건 좀 이상한 일이지요. 이를 논리적으로 보완하지 않는 이상, 고정관념을 답습하느라 비합리적인 설정을 넣었다는 혐의를 벗기는 어렵습니다.

반면 1960~1970년대에는 소재, 기법, 주제 측면에서 다른 방식을 시도하는 SF 소설이 눈에 띄게 늘어났습니다. 새로운 작가들은 여성 인물을 내세우는 동시에 사회

변화에 주목했습니다. 가정주부의 삶이나 성차별처럼 기존에는 이야깃거리가 아니었던 주제가 SF 소설로 다루어졌어요. 당시 유명한 경구였던 "개인적인 것이 정치적인 것이다"라는 말 그대로입니다. 작가들은 '여성의 역할'에 의문을 품었습니다. 이런 고민을 반영해 참신한 소설을 썼어요. 시어도어 스터전은 당시 SF 작가들을 이렇게 평가했습니다. "요즘 좋은 작가는 제임스 팁트리 주니어 말고는 모두 여자"라고요. 그리고 나중에 밝혀졌지만 제임스 팁트리 주니어도 여성 작가였죠.

어쩌면 사회가 변화하기를 희망하는 사람들이야말로 낯선 사회를 더 잘 그리는지도 모릅니다. SF의 기본 태도는 낯선 세계를 상상한다는 것이지요. 페미니즘은 SF가 꾸준히 참신해지도록 힘을 보탰습니다. 현대인의 윤리관으로 보기에도 낡지 않도록 만들었습니다. 게다가 사회를 다른 시각으로 보도록 질문을 제시했습니다. "남자 없이 아이를 낳을 수 있다면 사람들이 어떤 가족을 이룰까?" 같은 질문입니다.

2. 강제 출산의 디스토피아

페미니즘 SF가 기존과 다른 사회를 제시하는 방법은 여러 가지 있지만, 여기서는 크게 두 가지 방향으로 나누어 살펴보겠습니다. 디스토피아와 유토피아, 절망적인 사회와 이상적인 사회로요. 디스토피아가 오싹하고 현실적으로 그려질수록 우리는 현실을 보는 문제의식을 키우게 됩니다. 반면 유토피아가 합리적으로 그려질수록 우리는 어떤 가치를 지향해야 하는지 고민할 수 있습니다. 둘 다 비현실이면서도 현실과 무관하지 않기에 재미와 의미가 있습니다.

페미니즘 SF의 디스토피아는 주로 여자의 모성 기능을 착취하는 모습으로 나타납니다. 사회가 여자의 몸을 강제로 이용하는 식입니다. 누구와 어떻게 성관계를 할지, 아이를 낳을지 말지를 본인이 결정하지 못합니다. 마거릿 애트우드의 『시녀 이야기』(1985)의 배경인 '길리어드'는 딱 그런 디스토피아입니다. 길리어드에서는 여성의 재산권을 인정하지 않습니다. 여자는 남편에게 속합니다. 주인공 '오브프레드'는 '프레드'라는 남자에게 속하는 '시녀'가 되었기 때문에 오브프레드$^{of\ Fred}$라는 이름을 받습니다. 그녀는 몰래 길리어드의 생활상을 기록합니다.

길리어드는 임신 가능성에 따라 여자의 계급을 나눴습니다. 길리어드가 세워지기 전에 이혼 경험이 있으면 '나쁜' 여자이므로 낮은 계급을 받습니다. 오브프레드는 이혼 경력을 지닌, 임신 능력 있는 여자이기에 시녀로 분류되었습니다. '착한' 여자들은 '아내'가 될 수 있습니다. 아내들은 높은 지위의 여성으로서 시녀를 부리거나 아이를 기릅니다. '아주머니'는 집안일을 하는 사람이고요. 아내, 시녀, 아주머니는 모두 남자의 집안사람이 되어 가정을 구성합니다. 그리고 이도 저도 아닌 여자들은 하수구 등 외진 곳에서 고된 노동을 하다 비참하게 사망합니다. 길리어드는 철저하게 여성의 노동 위에 성립된 사회입니다. 여자들은 물리적으로, 성적으로, 정신적으로 노동을 제공합니다. 물론 남자들도 일을 합니다. 대신 그들은 노동에 대한 보상으로 여자를 받습니다.

작중 프레드 사령관은 항의하는 주인공에게 이렇게 말합니다. "더 좋은 세상이라 해서, 모두에게 더 좋으란 법은 없소. 언제나 사정이 나빠지는 사람들이 조금 있게 마련이지." 그러나 여자들의 수는 '조금'이 아닙니다. 그리고 프레드는 세상이 바뀐 덕택에 명백히 이득을 누리는 사람입니다. 더 좋은 세상을 위해 어떤 이들의 사정이 나빠질 수 있다는 말은 사실이지만, 이는 실질적, 상향적, 상대적 평등이 실현되는 경우에 옳습니다. 길리어드가 평등한 사회를 만들었다고 보기는 어렵지요. 오브프레드는 분노합니다. 길리어드는 명백하게 차별적이고, 이를 가리는 말은 모두 기만입니다.

한편 한국적인 디스토피아를 생생하게 그린 작품도 있습니다. 전혜진의 「감겨진 눈 아래에」에는 한국의 상황을 예리하게 반영한 성폭력과 성차별 이야기가 나옵니다. 작중 가상의 한국은 '여자는 군대 안 가니까 임신을 해야지'라는 말을 정책적으로 실현한 곳입니다. 모든 여자는 24세까지 병역을 완료해야 합니다. 아이를 낳거나, 복무 기간을 다 채워야 나갈 수 있어요. 복무 기간 동안 여자들은 끊임없이 강제로 성관계를 요구당합니다. 게다가 한국 밖에서는 인공 자궁으로 아이를 낳는데도, 한국 남자들은 여자가 직접 자기 아이를 낳아야 한다고 여깁니다. 비효율적이고 비합리적인 주장입니다.

주인공 '세실'은 프랑스에서 나고 자란 한국계 2세입니다. 그녀는 여러 이유로 한국을 방문합니다. 그런데 입국하자마자 즉각 군대로 끌려갑니다. 프랑스 국적자라도 한국인이었던 부모에게서 태어났으니 한국 여자라면서요. 세실은 '해외에서 온 보급품'입니다. 게다가 대학까지 나온, 괘씸한 고학력 여자이지요. 세실은 한국에 입국할 때 네트워크 칩을 빼앗겼기 때문에 외부에 도움을 청하지도 못합니다. 누가 자신을 찾으러 오기만을 기다려야 해요.

가장 쓰라린 점은, 작중 툭툭 등장하는 차별과 폭력이 실제 발생했다는 점입니다. 예를 들어 한국보건사회연구원의 어느 보고서는, 여자들을 결혼시키기 위해 불이익을 주어야 한다고 주장했습니다. 고학력 고소득 여성의 비혼율이 높으므로 이들의 "불필요한 스펙 쌓기"를 막아야 한다는 내용이었습니다. 고학력 여성과 저학력 남성이 짝을 짓는 '하향 결혼'을 유도해야 한다는 내용도 들어 있었죠. 출산율을 높이기 위한 대책이라면서요. 정부는 "가임기 여성 인구 지도"를 만든 적도 있습니다. 임신 가능한 여자가 어디에 얼마나 살고 있는지 표시한 지도입니다. 이렇듯 소설에 등장하는 여러 자료는 현재 한국의 것입니다.

어떻게든 결혼을 성사시키면 저출산 현상이 해소되리

라고 믿는 대책은 모두 여성을 '보급품' 취급하는 관점을 드러냅니다. 각 개인에게 선택권이 있다는 사실을 인정한다면, 사람들이 스스로 출산을 고려할 만한 환경을 조성하는 방향으로 해결책이 나와야겠지요.「감겨진 눈 아래에」는 분명 극단적인 디스토피아지만 현실에 뿌리를 두고 있습니다. 여성을 출산 자원으로 취급하는 관점이 유시되고 있기 때문입니다. 그로 인한 편견과 차별을 고스란히 용인한다면 미래는 정말 비슷한 모습으로 흐르겠지요. 현실적인 만큼 경각심을 주는 소설입니다.

3. 여성 공동체

여자만 있는 사회는 어떨까요? 이상적인 사회가 될 수 있을까요? 여러 SF가 여자만 사는 공동체를 그립니다. 다른 사람들과 공동체를 분리해, 분리주의 유토피아를 만드는 방법입니다. 페미니즘 유토피아라고 부르기도 하지요.

유토피아 문학에는 보통 유토피아를 체험하는 방문자가 등장합니다. 방문자의 입장을 서술하며 유토피아를 설명하는 경우입니다. 유토피아 SF도 어느 정도 유토피아 문학의 규칙을 따릅니다. 조애나 러스의 「그들이 돌아온다 해도」와 제임스 팁트리 주니어의 「휴스턴, 휴스턴, 들리는가?」는 모두 이상적인 여성 공동체를 설정합니다. 그리고 공동체에 침투하는 무례한 남성 방문자들로 이야기를 시작합니다. 남자들은 여자가 운영하는 공동체가 원활하게 유지되고 있다는 사실을 믿지 않습니다. 공동체의 생활방식을 존중하지도 않습니다. 지구의 폭력적인 사고방식을 맞이한 공동체는 위기를 겪습니다.

두 작품의 결말은 정반대입니다. 「휴스턴, 휴스턴, 들리는가?」의 공동체는 남자들을 추방하는 데 성공합니다. 이들의 공동체는 이전과 마찬가지로 유지될 것입니다. 외부의 침입을 막았으니까요. 그러나 「그들이 돌아온다 해도」의 공동체는 앞날이 불투명합니다. 주인공은 남자들에게 발견된 이상 자기들이 더는 안전하지 못하리라고 예감합니다. 그들이 마치 식민지를 발견한 제국처럼 찾아올 것이기 때문입니다. 어느 쪽이 더 현실적인지 판가름하기는 어렵습니다. 다만 비슷한 시기의 두 작품이 다른 결론을 내렸다는 점이 흥미롭지요.

그리고 현대의 작품으로 나오미 앨더먼의 『파워』(2016)를 꼽고 싶어요. 이 소설은 여성과 남성을 뒤바꾼 성차별 사회를 가정합니다. 게르드 브란튼베르그의 『이갈리아의 딸들』(1977)과도 비슷하지요. 소설은 책 속의 책 이야기로 진행되는 액자식 구성을 이룹니다. 어느 남자 역사가가 새 책을 썼다는 내용이 액자 바깥이라면, 그 역사서의 내용이 안쪽 이야기입니다. 역사가는 역사를 추론하고 재구성하여 소설처럼 펼쳐놓습니다. '추론'인 이유는, 과거의 디지털 기록이 모두 사라졌기 때문입니다. 그만큼 거대한 혁명이 있었거든요.

이 역사가는 세상이 여성중심적으로 다시 쓰인 다음의 시대를 살고 있습니다. 그와 편지를 주고받는 여자 역사가는 이렇게 말합니다. "인류 역사에 존재했던 소수의 특수한 가부장제 사회는 매우 평화로운" 곳이었다고요. 그녀가 말하는 진화심리학에 따르면, 남자는 가정을 관리하기 위해 온순하게 진화했고, 여자는 아이를 지켜야 하기에 공격적인 성향을 지니게 되었습니다. 반대로 남자 역사가는 과거에는 남성중심주의와 가부장제가 지배적이었다고 주장합니다. 소설 속 현대에서는 상당히 도발적인 주장입니다.

남자 역사가가 다루는 시대는 20세기 혹은 21세기입니다. 그는 이때가 여자들이 몸에서 전기를 만들기 시작한 시기라고 생각합니다. 그가 사는 현대에는 모든 여자들에게 전기를 만드는 능력이 있습니다. 여자는 '타래'라는 특수한 기관을 통해 전기뱀장어처럼 스스로 전기를 뿜습니다. 원인은 아마 전쟁 때 개발된 수상한 화학물질일 것입니다. 대량의 화학물질이 수자원을 통해 전 세계로 퍼지면서 모든 여자들의 몸을 바꾸었습니다. 여자들은 전기로 상대를 공격하거나, 감각적인 자극을 주거나, 전기 신호로 신체를 탐색합니다.

남자 역사가의 서술에 따르면, 여성이 전기라는 물리적 파워를 얻은 뒤로 세상이 뒤집힙니다. 남자아이들은 전기 공격을 피하려고 유순하게 행동합니다. 여자아이들은 서로 다투며 기술을 연습합니다. 여성 군인이 늘어나고 여성 용병대가 생깁니다. 종교적으로는 여성을 중심에 놓는 새로운 교리가 퍼집니다. 정치적으로 여성 지도자가 힘을 갖고요. 사우디아라비아 지역에서 출발한 어느 독재국가에서는, 젊은 영부인이었다가 대통령이 된 여성이 지극히 성차별적인 법을 제정합니다. 남성은 운전할 수 없고, 투표할 수 없고, 사업체를 가질 수 없다고요. "폭력적이고 천박한 과거"를 보건대 남성은 정치에 적합하지 않다는 사실이 분명하기 때문입니다. '남자는 쓸모없다'는 주제의 토론회가 텔레비전으로 방송되기도 합니다. 어디서 많이 본 내용이죠.

실제로 사우디아라비아는 오랫동안 여성에게 운전면허를 발급하지 않았습니다. 2018년에야 겨우 여성 운전자를 허용했습니다. 여자가 여권을 만들어 혼자 해외여행을 할 수 있게 된 때도 비슷한 시기입니다. 그리고 이때에야 비로소 여자가 직접 관공서에 혼인이나 이혼 신고를 할 수 있게 되었습니다. 레스토랑에 입장하는 데 성별 구분이 없어졌고요. 기관사 등 여러 직업에서 최초의 여성 직업인이 등장했습니다. 다른 나라들에 비하면 늦죠. 소설이 하필 사우디아라비아 부근의 지역을 배경으로 삼은 점은 의미심장합니다.

그리고 우리 역사에서 드러났듯, 힘에 취한 사람들은 점점 심한 공격성을 보입니다 소설은 여자도 마찬가지라는 이야기를 합니다. 여자 군인이나 용병들은 전쟁범죄, 강력범죄를 일삼습니다. 민간인을 고문하고 죽이면서 놉니다. 피해자는 전기를 만들지 못하므로 반격하거나 저항하지 못합니다. 실제 전쟁범죄도 그런 식으로 일어납니다. 가해자는 그저 그렇게 할 수 있다는 이유로, 별 의미나 목적 없이 고문을 가하며 즐깁니다. 아주 많은 사례가 있어요. 주인공들은 힘을 휘두르는 사람들이 벌이는 참상을 목격합니다.

결국 성별은 폭력성을 가늠하는 절대적인 기준이 아닙니다. 물론 현실에서 성범죄의 피해자는 절대다수가 여성입니다. 가해자는 절대다수가 남성이고요. 남성이 당하는 성범죄의 가해자 역시 남성 비율이 높습니다. 2015년에 한국에서 여성이 강간범으로 혐의가 확정될 뻔했지만, 결국 무죄 판결이 나왔습니다. 차별에도 비슷한 구도가 많이 존재합니다. 공정해야 하는 시험이나 취업 현장에서 여자라는 이유로 불이익을 받는 경우가 이어지고 있습니다. 예를 들면 2018년에는 하나은행이 합격자 비율을 남녀 4대 1로 정해두고 면접 점수를 조작한 사실이 드러났습니다. 국민은행도 이유 없이 남자 지원자들의 점수를 올렸습니다. 하나은행이 세운 하나고는 남학생을 뽑으려고 성적을 조작했습니다. 일본의 도쿄 의대는 10여 년이 넘는 세월

동안 입시에서 남성에게 가산점, 여성에게 감점을 부여해 왔습니다. 좋은 성적을 거둔 사람을 뽑은 것이 아닙니다. 합리적이지 않지요. 다만 남성중심적 사회에 성차별이 존재하듯, 여성중심적 사회에서도 마찬가지 일이 발생할 가능성이 충분합니다. 단순히 성별을 반전한다고 하여 세상이 유토피아로 변하지는 않습니다. 앞서 분리주의 유토피아와는 조금 다른 결말이지요. 더 복잡한 이야기이기도 합니다.

    소설이 시사하는 바에 따르면 인간은 누구나 폭력을 휘두를 수 있습니다. 누구도 그러지 말아야 하고요. 그러니 우리는 개별 인간을 들여다보아야 합니다. 작중에 나오는 '목소리'는 현실이 절대 단순하지 않다고 속삭입니다. 실상은 언제나 생각보다 복잡하고, 인간은 간편하게 분류되지 않으며, 꼬리표는 아무것도 설명하지 못합니다. 불편하고 성가신 일이지요. 하지만 정확한 표현을 찾기 위한 길입니다. 이렇듯 SF는 사고실험을 통해 우리가 깊이 있는 질문을 던지도록 돕습니다. 물론 소설로서도 재미있고요.

4. 정상 규범을 뒤틀기

여자도 사람이라는 생각은 보통 사람, 정상인, 표준의 개념을 뒤흔들어요. 예를 들어 여성의 몸을 표준이라고 생각하면 매달 피를 흘리는 상태는 정상입니다. 여자를 욕망과 지성이 있는 보통 사람이라고 인정한다면 '집안의 천사'만이 여자의 행복이라고 할 수는 없습니다. 그녀는 남자와 연애하고 결혼해서 가정주부가 되는 것 외의 선택을 하고 싶을지도 모르니까요.

페미니즘은 '여자는 (남자와 달리) -해야 한다'는 규범을 계속 도마에 올렸습니다. 한때 당연했던 것들입니다. 많은 사람들은 자신이 당연하다고 여기는 것에는 그다지 주의를 기울이지 않습니다. 의식조차 하지 못합니다. 누가 문제를 제기할 때에야 비로소 의문을 품기 시작해요. 페미니즘은 문제를 제기하는 운동이었습니다. '남자는 이렇고, 여자는 저렇고, 둘은 다르다'는 생각에 저항하는 일을 했지요. 그런 이분법은 틀렸다고요. 여자가 남자를 사랑해야 한다고, 그 사랑의 모습이 어떠해야 한다고 규정하는 규범도 마찬가지입니다.

그런 점에서 페미니즘과 퀴어 이론은 같은 지점에서 출발합니다. 과연 무엇이 정상이냐고 묻는다는 점, 차별에 반대한다는 점 등이요. '퀴어'는 원래 이상한 사람이라며 비하하는 표현이었지만 지금은 오히려 정체성을 드러내는 말이 되었습니다. 넓은 의미로 보면 퀴어는 사람만이 아니라 행위까지 포함합니다. 성별 규범과 이성애 규범에 저항하는 모든 성적 지향과 행위는 퀴어라고 부를 수 있습니다.

이런 문제에 관심이 없는 사람들은 퀴어를 불편하게 여깁니다. 자연에 반한다며 미워하기도 하죠. 퀴어가 자꾸 '비정상'의 모습을 들이밀며 '정상'의 지위를 위협하기 때문입니다. 하지만 정상^{normality}의 내용물은 사회규범^{norm}에 따라 변화합니다. 예를 들어볼까요. 과거 바지를 입는 여자는 비정상이라는 취급을 받았습니다. 아이를 낳지 않는 여자도 비정상이라 불렸지요. 히스테리의 역사도 깁니다. 과거 히스테리는 여자의 병이었습니다. 자궁이 몸속을 돌아다니기 때문에 히스테리를 앓는다는 것이 한때 정론이었습니다. 자궁을 그만큼 비정상적인 기관으로 취급한 것이지요. 지금 보면 다 틀린 말입니다.

'정상'은 생각보다 이상한 개념입니다. 너무나 친숙하기 때문에 이상하다고 의식하지 못할 뿐이지요. 퀴어와 퀴어 이론은 특히 성별, 성역할, 성적 지향에 관해 묻습니다. 한번 의심해보라고요. '퀴어링'은 그렇게 의심하는 행위입니다. 흔히 정상이라고 부르던 것들 사이에서 퀴어함을 찾는 일이에요. 바로 "안전함을 불온함으로 만들고 익숙함을 낯섦으로 채워 넣는 전략"[22]입니다.

사회규범에 맞는 모습으로 자란 사람들은 자기를 설명할 필요가 없습니다. 하지만 규범과 불일치하는 사람은 번번이 공격을 받습니다. 퀴어는 불온하고 낯선 존재가 되곤 합니다. 많은 사람이 퀴어에게 질문을 쏟아붓습니다. 사실은 '정상'인데 착각하는 게 아닌지, 정신병이나 거짓말은

---

22 전혜은, 『퀴어 이론 산책하기』, 여성문화이론연구소, 2021, 37쪽.

아닌지, 너무 음란하지 않은지, 괜히 어려운 말을 쓰며 자아도취에 빠진 건 아닌지 등등이요. 물론 일일이 답할 수 있습니다. 하지만 결국은 하나의 대답으로 귀결하게 됩니다. 규범 쪽이 이상하다고요.

이런 점에서 돌기민의 『보행 연습』(2022)은 인상 깊은 소설입니다. 주인공 '무무'는 성별이 정해지지 않았습니다. 외계인이기 때문입니다. 무무는 필요에 따라 잘생긴 남자나 예쁜 여자의 모습으로 변합니다. 지구에서 먹고살려면 인간인 것처럼 지내야 합니다. 변신은 아주 고통스러운 데다 어려운 일입니다. 무무의 원래 몸은 뿔이나 다리가 잔뜩 난 모습이거든요. 인간으로 변하려면 다리 한 짝도 드러나지 않도록 조심조심 잘 숨겨야 합니다. 무무는 필사적으로 보통 사람 흉내를 냅니다.

변신했을 때 무무는 이족 보행을 하려 합니다. 그러나 인간의 걸음걸이를 따라 하기는 매우 어렵습니다. 나아가 남자답게 걷거나 여자답게 걷기는 불가능에 가깝습니다. 방법이 확실히 정해져 있지 않기 때문입니다. 무무가 관찰한 바에 따르면 두 걸음걸이는 별 차이가 없습니다. 차이가 있다는 생각은 환상입니다. 그러나 인간 사이에 숨어들려면 인간의 사고방식을 따라야 합니다. 무무는 성별 차이를 판단할 기준이 있는 것처럼 행동하기로, 사람들의 규범을 따르기로 합니다. "규범은 유리 같은 것"이지만, "사람들이 규범을 떠받들어 떨어뜨리지 않는 이상, 그것은 깨지지 않고 굳건히 유지"[23]되기 때문입니다.

---

[23] 돌기민, 『보행 연습』, 은행나무, 2022, 123~124쪽.

무무는 사랑받기를 간절히 원합니다. 고독에 시달릴 때마다 자기를 이해해줄 사람, 혹은 자기와 같은 외계인을 바라요. 하지만 무무가 남에게 받아들여질 가능성은 거의 없습니다. 무무의 식량이 인간이기 때문입니다. 무무는 소개팅 앱으로 사람을 사냥합니다. 앱으로 약속을 잡아 단둘이 만난 다음 상대가 방심하고 있을 때 공격합니다. 죽이고, 먹어요. 무무가 경험하는 관계는 폭력과 살인이라는 극단적 배척입니다. 무무는 잔인하고 우스꽝스럽고 안타까우며 귀엽습니다. 무무의 고백을 보고 있으면 특정 성별의 인간으로 지내는 일이 다소 낯설게 느껴집니다.

한편, 많은 퀴어가 자기혐오를 겪습니다. 자신이 퀴어라고 스스로 인정하기까지 시간이 오래 걸릴 수 있어요. 혼란과 미움으로 가득한 기간을 보냅니다. 그럼 자신을 용서하는 과정도 필요하겠지요. 샘 J. 밀러의 『슈퍼히어로의 단식법』(2017)에서 주인공 '맷'은 조용한 성격의 남자 고등학생입니다. 스스로는 잘 받아들이지 못하지만, 게이이지요. 그리고 거식증에 시달립니다. 본인은 단식을 하고 있을 뿐 거식증이 아니라고 자꾸 부정하지만요.

맷의 거식증은 사회의 외모 강박과 관련이 있습니다. 그는 본인의 몸이 어떻게 생겼는지 똑바로 보지 않습니다. 그저 자기를 혐오합니다. 동시에 맷은 자신이 게이라는 사실과 갈등을 겪습니다. 자신의 모습과 정체성 모두를 받아들이지 못해요. 그래서 어떻게든 자신을 통제하려 합니다. 식사량 제한은 몸을 통제하는 확실한 방법입니다. 맷은 매일같이 혹독한 단식에 몰두합니다. 그러다 어느 날 초능력을 분출하기 시작합니다.

맷은 여러 사건을 겪으며 자신을 용서합니다. 자신이 거식증 환자이고 치료가 필요하다는 사실도 인정합니다. 음식을 먹기 시작하고요. 이렇게 되기까지는 주변인의 지지가 큰 역할을 합니다. 맷은 초능력을 계기로 친구, 짝사랑 상대, 가족과 새롭게 관계를 형성합니다. 그간 우울하게 회피해왔던 대인관계 문제를 해소할 기회를 얻어요.

마지막에 맷은 단식으로 자기를 학대하지 않아도 초능력이 발휘된다는 사실을 확인합니다. 그 능력은 고통이 아니라 자신에게서 나옵니다. 맷이 자기를 미워하길 그만둔 다음에야 알 수 있는 사실입니다. 이 소설은 거식증, 동성애, 초능력처럼 '비정상'이라 불리는 요소를 받아들이고 화해하는 과정을 생생하게 그려낸다는 점에서 좋습니다.

5. 보통의 관계

정체성에서 관계의 측면으로 넘어가겠습니다. '여자도 사람이라는 급진적인 생각' 이야기를 했지요. 급진적이지 않아야 하는데 사람들이 급진적으로 받아들인다고 꼬집는 말입니다. 그렇다면 '퀴어한 관계도 보통의 관계'라는 말은 어떨까요? 마찬가지로 사람들이 급진적이라고 받아들이는 생각입니다. SF는 퀴어링과 잘 맞습니다. 독자가 겪어보지 못한 상황을 제시하며 일상에 새로움을 끌어들이기 때문입니다. SF는 현실을, 현실에서 당연하게 여기던 규범을 낯설게 만듭니다. 이로써 우리에게 새로운 종류의 평범함을 제시합니다.

앤젤라 채드윅의 『XX』(2018)는 신기술이 개발되어 여성끼리 인공수정이 가능해진 사회를 다룹니다. 여성끼리의 인공수정으로 태어난 아이는 아버지 없이 어머니만 둘을 갖게 되겠지요. 난자와 난자가 결합하는 것이니 Y염색체가 없어 아이는 무조건 XX 염색체를 타고나게 됩니다. 이 소식을 들은 남자들은 가장 먼저 '남자가 멸종할지도 모르겠네요?'라고 묻습니다. 나치 치하의 인종청소를 들먹이면서요.

물론 성 감별과 선택적 출산은 심각한 문제입니다. 상당히 오랫동안 사람들은 인공적으로 특정 성별이 태어나지 못하도록 만들었어요. 특히 아시아에서 심했습니다. 태아의 성별을 확인하는 기술이 개발된 후, 수많은 사람이 태아가 여자아이면 임신중절을 했습니다. 혹은 영아기에 사망하도록 두었습니다. 이러한 선별 낙태와 영아 살해는 1980~1990년대에 가장 심각하게 일어났습니다. 1990년도 한국의 출생 성비는 여아 100 대 남아 116.5입니다. 셋째 아이는 100대 189.5로, 압도적으로 남아가 많습니다. 자연 성비가 105 정도라는 점을 생각하면 인공적인 개입이 있었다고밖에 볼 수 없는 수치입니다. 그에 비하면 소설에서처럼 인공수정으로 딸을 낳는 일은 큰 문제가 아닙니다. 이 기술은 아이를 죽이지 않습니다. 그리고 레즈비언이 아닌 여자들은 이전과 마찬가지로 남자아이를 낳을 테고요. 두 어머니가 딸을 낳는다 하더라도 세상은 그리 달라지지 않습니다. 두 어머니를 둔 여자아이가 생길 뿐입니다.

신기술 소식이 전해지자 주인공인 '줄스'를 포함한 레즈비언 커플은 남들처럼 친자녀를 가질 수 있다는 희망에 기뻐합니다. 정자 기증자를 구하지 않아도 연인끼리 아이를 낳을 수 있다는 뜻이니까요. 그럼 기증자가 참견할 여지를 없앨 수 있어요. 정자 기증자는 제삼자에 불과할지라도, 법은 친부라는 이유로 그의 편을 듭니다. 위협적이지요. 이외에도 자잘한 걱정거리가 사라집니다. 이들은 아이에게 아버지가 누구인지, 어디 갔는지, 왜 아이가 엄마를 닮지 않았는지 설명하지 않아도 될 거예요.

줄스는 기꺼이 첫 인공수정 피힘자로 지원합니다. 하지만 신상이 노출되는 바람에 대중에게 엄청나게 악의적인 공격을 받습니다. 줄스의 사생활은 언론에 낱낱이 공개됩니다. 줄스 같은 여자들이 공격받아 마땅하다고 믿는 이들은 당당하게 주거침입, 손괴, 방화를 저지릅니다. 어떤 남자는 줄스가 집에서 나오길 기다리고 있다가 오줌을 뿌려요. 줄스의 아버지도 그녀를 배신합니다. 게다가 연구원 한 명은 일부러 커플들의 난자에 붙은 이름표를 바꿔치기 해 아이가 누구의 아이인지 모르도록 만듭니다. 인공수정으로 엄마가 되려는 건 무책임하고 잔인하다면서요. 하지만 남녀 부모의 인공수정은 아무도 문제 삼지 않습니다.

악의와 갈등의 폭풍이 지나간 후, 남는 것은 결국 사랑입니다. 혈연이냐 아니냐, 인공수정이냐 아니냐, 남자아이냐 아니냐에 상관없이 양육자는 아이를 사랑할 수 있습니다. 줄스와 로지는 태아의 유전자 검사를 거부합니다. 출산 후에도 마찬가지입니다. 둘의 유전자를 받았든 아니든 아이를 사랑할 수 있다는 사실을 경험했으니까요. 둘은 사랑하는 사람끼리 아이를 갖기로 합의하고, 아이를 사랑하게 된 보통 사람들입니다. 줄스는 마지막에 이렇게 적습니다.

> 우리 가족이 전통적인 방식으로 임신된 아이들에게서 빼앗은 건 전혀 없어. 늘 기존 세상을 뒤흔들고 과거와 전혀 다른 방식을 시도하는 인류의 오랜 전통을 생각할 때, 우리도 그 일부일 뿐인지 몰라. 어쨌든 우리 삶을 구성하는 일상은 정말 다른 사람들과 똑같이 평범해.[24]

이종산의 『커스터머』(2017) 역시 평범한 사랑 이야기를 합니다. 주인공 '수니'는 중성인인 '안'을 짝사랑합니다. 사람들은 안을 의심하고 미심쩍어합니다. 여자 기숙사에

---

24 앤젤라 채드윅, 『XX』, 이수영 옮김, 한즈미디어, 2019, 398쪽.

네가 있어도 되느냐, 중성인은 이상하다던데 사실이냐고 물어요. 안을 이해하지 못하는 사람들의 질문이지요. 핵심에서 벗어나는 말입니다. 수니와 안의 서사는 본질적으로 첫사랑 이야기입니다. 수니는 "누가 누구를 사랑하든지 아무도 비난하지 않는" 세계를 상상합니다.

게다가 작중 '커스텀'은 상당히 퀴어힌 행위입니다. 자신을 다양하게 표현하고 싶은 사람들은 유전자 기술을 이용해 신체를 원하는 대로 커스텀합니다. 머리에 꽃을 피우거나, 등에 날개를 다는 등 다채로운 변형이 가능합니다. 커스텀을 하는 '커스터머'들은 타고난 몸을 벗어나 자신에게 맞는 몸을 찾아갑니다. 혹은 다른 형태의 몸을 시도합니다. 비록 '커스터포비아'들의 혐오를 받더라도요. 자기가 되고 싶은 모습이 되려는 것, 다른 사람을 사랑하는 것은 퀴어하더라도 평범한 일입니다. 수니는 안과 함께 커스텀을 자연스럽게 받아들이는 커스터머가 됩니다. 소설에는 여러 혐오 및 폭력이 등장하지만, 그럼에도 둘이 헤엄치는 장면은 아름답습니다.

키워드 4

초인과 장애

1. 남다름이란

남들과 다른 능력은 쉽게 혐오 또는 경탄의 대상이 됩니다. 미국의 슈퍼히어로 코믹스에는 초인적 능력을 지닌 자들이 사회에서 배척받는 경우가 종종 나옵니다. 헐크는 강력한 힘을 발휘하는 대신 이성을 잃는 위험한 괴물이었습니다. 제어할 방법이 없었죠. 브루스 배너 박사는 헐크로 변신할까 봐 자신을 위협하는 사람들에게 '제발 나를 화나게 하지 말라'고 빌었습니다. '엑스맨' 시리즈에 등장하는 뮤턴트 집단은 노골적으로 차별과 공격을 받습니다. 이들은 각기 특수한 능력을 지녔지만 바로 그 때문에 공격당합니다. 사람들은 뮤턴트를 사냥하고, 생포해서 강제 노동을 시키거나 무기로 사용했습니다. 마치 가축을 이용하는 것처럼요. 뮤턴트는 괴물일 뿐 자신과 같은 인격체가 아니라고 여겼기 때문입니다. 나아가 뮤턴트를 겨냥한 법이 여럿 만들어졌습니다. 예를 들면 불임수술을 의무화하는 것입니다. 본인 모르게 피임시술을 시행하는 정책도 있었고요. 뮤턴트를 '일반인' 사회에 받아들이지 않겠다는 강력한 표현이었지요.

    현실에도 비슷한 사례가 있었습니다. 특정 장애나 질환을 보유한 자가 자녀를 갖지 못하도록 강제로 수술을 시키는 법입니다. 이를 단종법^{斷種法}이라고 부릅니다. '유전적으로 열등한 종'의 '씨를 말려' 대를 끊는다는 뜻입니다. 미국은 1907년 세계 최초로 단종법을 시행했습니다. 독일은

1933년 유전병 자녀 예방법[25]을 시행했습니다. 특정한 사람을 '살균'해서 사회를 '위생적'으로 만들겠다는 취지였어요. 시각 장애, 전맹, 농아부터 조현병이나 양극성 장애, 그리고 알코올 중독까지 예방 대상이 되었습니다. 일본의 경우 1948년부터 1996년까지 우생보호법을 시행했습니다. 오랜 기간이죠. 그동안 불임수술 약 2만 5천 건, 임신중절 수술 약 5만 건이 이루어졌습니다. 한국도 마찬가지입니다. 한국은 한센인(일명 '나병 환자')을 소록도라는 섬에 격리해 강제 노역, 불임수술, 인공중절 수술을 시킨 역사가 있습니다. 한국 법원은 2017년에야 국가가 이에 배상해야 한다는 판결을 내렸습니다. 일본 법원은 2022년 2월에 국가가 우생보호법 피해자에게 배상해야 한다고 판결했어요. 늦었지만 의미 있는 성과입니다.

어쩌면 병이나 장애처럼 '나쁜' 요소를 지닌 아이는 중절하는 것이 좋다고 느낄지도 모르겠습니다. 그렇게 사느니 태어나지 않는 게 낫다고요. 건강하고 정상 상태인 사람과 아닌 사람을 배타적으로 구분하면 그렇게 느낄 수 있어요. 하지만 '나쁜' 요소의 범위는 얼마든지 넓어질 수 있습니다. 앞서 예를 들었듯 과거 독일에서는 알코올 중독자에게도 불임수술을 했지요. 근대 프랑스에서는 장애인만이 아니라 성소수자, 빈민까지 강제로 시설에 수용하며 거리를 '청소'했습니다. '정상'이나 '보통'은 구체화하려 할수록 한없이 범위가 좁아집니다. '건강한 사람'의 요건을 따지다 보면 기준을 통과하는 사람은 얼마 남지 않습니다.

---

[25] Gesetz zur Verhütung erbkranken Nachwuchses.

알레르기, 근시, 평발, 여드름 피부 등도 건강하지 못한 비정상 상태이니까요. 아프거나 불편한 정도에 따라 생활이 힘들어지는 것은 사실이지만, 이런 점은 사람을 배제할 마땅한 근거도, 기준도 되지 못합니다. 더욱이 삶은 원래 다양한 방식으로 힘겹고 어렵지요. 남다름을 들었다고 구별하는 '정상' 중심의 판단 기준은 기실 모호하고 비효율적입니다.

    SF 작가들은 '비정상'을 전면에 배치하는 방법을 쓰곤 합니다. 초인을 비롯해 여러 종류의 남다른 사람들을 주인공으로 삼는 경우입니다. 이들은 자신의 남다름으로 인해 싸움, 갈등, 변화를 겪습니다. 그로 인해 사회가 변화하기도 하고요. 소설을 따라가다 보면 인물이 더는 이상하지 않게 보이는 순간이 찾아옵니다. 능력이나 모습이 다를 뿐 그도 똑같은 인격체라는 사실을 알게 됩니다. 독서는 본래 타인에게 이입하고 타인을 이해하는 경험을 선사하곤 하지요. SF는 타인의 범위를 얼마든지 넓힐 수 있다는 점이 장점입니다.

2. 싸우는 능력자들

초인의 싸움은 특별합니다. 신기한 능력을 발휘해서 싸우니까요. 게다가 초인은 자신이 '일반인'과 다르다는 사실에서 발생하는 여러 문제와도 싸웁니다. 많은 작품이 노골적으로 편견 및 차별과 충돌합니다. 주인공은 다양한 방식으로 싸움을 벌입니다.

권시우의 『소소하게 초인들이 모여서, 소초모』(2022)의 '연휘'는 활을 너무 잘 쏴서 초인이라는 의심을 받습니다. '초인인데 아닌 척해서 시합에서 이기려 든다'는 악의적인 말까지 듣습니다. 재능을 갖고 노력한 사람이 듣기에는 억울한 말입니다. 연휘는 초인 테스트의 결과가 나올 때까지 양궁부 활동을 금지당합니다. 특출나다는 이유로 한순간에 비난의 대상이 되는 경우입니다.

상심한 연휘에게 소초모 아이들이 찾아옵니다. 소초모는 10등급 판정을 받은 '어중간한' 초인들 모임입니다. 예를 들어 '현우'는 고양이와 교감합니다. '란주'는 식물의 기억을 읽습니다. 불을 뿜거나 몸을 순간이동하는 능력에 비하면 위협적이지 않은 능력입니다. 현우, 율아, 란주, 효석은 연이은 학생 실종 사건을 해결해 사람들의 인정을 받고자 합니다. 이들은 연휘가 초인이라고 믿어 의심치 않습니다. 연휘가 자기는 아니라고 말해도 소용이 없습니다. 연휘는 자포자기한 마음으로 소초모 활동을 시작합니다. 사건을 추적하며 '라투스'라는 괴물들과 싸우기로 합니다. 소초모는 삐걱거리면서도 차츰 연계 공격을 하는 법을 익힙니다.

물론 문제가 터집니다. 서로의 비밀이 폭로돼요. 연휘는 왜 거짓말을 했냐고, 초인도 아닌데 그렇게 위험하게 활을 쏴댔냐는 비난을 듣습니다. 남을 맞추면 어쩔 뻔했냐고요. 서로 실망한 소초모 아이들은 화를 참지 못합니다. 소설에는 인물들이 서툴고 솔직히게 대응하는 모습이 생생하게 묘사됩니다. 변화하고 성장하는 부분도요. 연휘는 자기가 남들을 배려하지 않았다는 사실을 깨닫습니다. 자신이 노력한 점만 생각했기에 억울했던 것이었어요. 남들과 달리 자신은 뛰어나다는 자신감에 취했던 탓입니다.

화해한 소초모 아이들은 서로 다른 미미한 능력을 모아 사건을 해결합니다. 역할을 분담해 매끄러운 연계 공격을 펼칩니다. 연휘가 초인이 아니어도 상관없습니다. 그 애가 활을 잘 쏜다는 점은 사실이니까요. 소초모의 다른 아이들과 연휘의 차이는 대단하지 않습니다.

연휘와 마찬가지로, 엘리자베스 문의 『어둠의 속도』(2003)의 주인공 '루'는 특출나기에 문제를 겪습니다. 루는 자폐 스펙트럼에 속한 사람입니다. 그리고 자폐인이 간혹 그렇듯 루는 패턴을 읽는 데 탁월한 능력을 보입니다. 특정 데이터를 처리하는 능력이 뛰어납니다. 루가 다니는 회사는 루와 같은 재능을 지닌 사람을 모아 부서를 만들었습니다. 이 부서는 적은 인원으로도 꽤 성과를 올리는 중이었으나, 새로 온 상사는 이들을 탐탁잖게 여깁니다.

회사는 자극에 예민한 자폐인에게 맞춘 업무 환경을 조성했습니다. 예를 들면 루를 위해 개인용 음악 감상실을 마련했어요. 루에게는 음악 감상이 필요하고 중요한 일입니다. 그러나 새 상사는 이런 설비를 비용 낭비라고 여깁니다. 다른 부서 사람들은 그런 설비를 쓰지 않죠. 이때 상사는 '평범한' 사람들도 회삿돈을 쓴다는 사실은 무시합니다. 자기와 같은 다수가 쓰는 설비를 당연하게 여기기 때문입니다. 자폐인을 위한 설비는 그에게 낯선 것입니다. 눈에 띄고, 거슬리고, 필요를 납득하기 어렵지요. 그러니 거부감이 들고요. 상사는 정말로 효율성을 따져서 루의 부서를 비난하는 것이 아닙니다. 효율성은 그가 거부감을 분출하기 위한 핑계입니다. 그가 진정으로 회사를 위한다면 비용 대비 성과를 계산했겠지요. 그러나 그는 루의 부서가 성과를 내고 있다는 사실을 외면합니다.

상사뿐만 아니라 여러 등장인물이 루의 능력을 무시합니다. 루가 일상적으로 마주해야 하는 사람 중 상당수가 루를 제대로 보지 않습니다. 그들은 루가 자폐인이라는 점을 근거로 그가 무능하다고, 혹은 열등하다고 여깁니다. 자기 생각이 실제로 맞는지 아닌지에는 별로 관심이 없습니다. 반면 어떤 사람들은 루를 바람직하게 여깁니다. 그들은 루가 심성이 곱고 정직하며 다양한 능력과 취향을 지녔다는 사실을 압니다. 기꺼이 루와 친구가 돼요. 루는 친구들을 통해 비자폐인의 사고방식을 익힙니다.

루의 부서 동료들은 또 다른 세계를 형성합니다. 자폐인 동료들 사이에서 루는 '일반인' 친구들과 있을 때와는 다른 종류의 안정감을 느낍니다. 그들끼리 대화할 때는 말이 무례하게 들릴까 걱정하며 부연 설명을 붙일 필요가 없습니다. 서로 발화 의도를 제대로 이해하니까요. 에둘러 표현하거나 사교적인 웃음을 덧붙이지 않아도 됩니다. 그들은 서로 좋아하는 자극이 무엇인지, 식당에서 선호하는 자리가 어디인지 잘 알고 있습니다. 그런 세세한 선호가 서로에게 중요하다는 사실도 압니다. 중요성을 설명할 필요가 없고, 다들 자연스레 존중받습니다. 이들의 회식은 조용하고 편안합니다. 자폐인이 비자폐인과 있을 때 느끼는 당혹감이 없습니다. 소설은 루의 일상을 묘사하며 자폐의 세계를 차분하게 그려나갑니다.

자폐인의 세계와 비자폐인의 세계, 사람들은 둘의 우열을 나누는 데 익숙합니다. 이쪽과 저쪽, 옳다와 그르다, 합리와 비합리, 빛과 어둠을 나누는 데도 익숙하지요. 대다수의 사람에게 루는 '저쪽' 사람입니다. 자신들과 섞이지 못할 열등한 존재이지요. 하지만 『어둠의 속도』에는 사람들이 미처 생각지 못하는 질문이 나옵니다. '어둠의 속도는 빛과 비교해 어떨까?'라는 질문입니다. 루는 이렇게 생각합니다.

> 빛이 속도를 높일 때, 어둠은 이미 빛이 도달할 때까지 알지 못하고 알 수 없는 채로 그곳에 있다. 무지는 지보다 먼저 도착한다. 미래는 현재보다 먼저 도착한다. 지금부터, 과거와 미래는 방향만 다를 뿐 같지만, 나는 이쪽이 아니라 저쪽으로 갈 것이다. 그곳에 도착하면, 빛의 속도와 어둠의 속도가 같아지리라.[26]

루는 우열을 나누지 않습니다. 그는 자폐인을 친숙하

---

[26] 엘리자베스 문, 『어둠의 속도』, 정소연 옮김, 푸른숲, 2021, 474쪽.

게 느끼는 동시에 비자폐인을 이해하려 노력합니다. 소설 막바지에 이르면 자폐 특성을 없애는 새로운 기술이 개발됩니다. 루는 계속 자폐인으로 지낼 것인지, 비자폐인이 되어볼 것인지 선택할 수 있습니다. 루의 선택이 옳은지 그른지는 말하기 어렵습니다. 루는 어느 쪽도 우월하다고 보지 않았으므로, 어느 쪽을 고르든 그건 정말로 루가 원해서 하는 선택입니다.

하지만 만약 루의 특성이 위협적인 것이었다면 어땠을까요. 물론 루의 자폐는 무해합니다. 루는 다른 사람을 해치지 않고, 회사 생활을 할 만한 성실성과 재주를 지니고 있어요. 만약 루가 계속해서 자폐인으로 지내길 선택하더라도 루의 친구들은 여전히 친구로 남겠지요. 하지만 세상에는 그렇지 못한 경우가 많습니다. 어떤 사람의 능력이나 질환이 남을 해치는 것이라면? 본인이 그걸 조절하기 어렵다면? 우리는 서로를 어떻게 대해야 할까요. 옥타비아 버틀러의 「저녁과 아침과 밤」에 힌트가 있습니다.

작중에는 치명적인 유전적 질환을 지닌 집단이 나옵니다. 이 질환의 이름은 '더고병'입니다. 더고병을 물려받은 사람은 언제 발작을 일으킬지 모릅니다. 한번 발작이 일어나면 제정신을 유지하지 못하고 '표류'하게 돼요. 그리고 심각하게 공격적으로 변합니다. 주인공의 아버지는 발작한 순간 아내를 끔찍하게 살해한 후 자살했습니다. 어떤 사람은 자신을 물어뜯는 등 끊임없이 자해를 합니다. 더고병은 원인도, 치료법도 밝혀지지 않았습니다. 그저 시설에 격리하는 방법이 최선이라고들 합니다. 시설에 따라서는 이들이 알아서 죽도록 환자를 빈방에 가둬두기도 합니다.

안전하지만 비인간적인 방법이죠. 더고병을 물려받은 사람은 언제 터질지 모르는 폭탄입니다.

그런데 '딜그'라는 시설에서는 다른 방식을 씁니다. 딜그는 더고병 환자의 자녀 등 당사자가 모여 설립한 곳입니다. 이들은 환자를 감금하지 않습니다. 환자들은 자유롭게 손을 움직입니다. 어떤 사람은 점토 놀이를 하고, 어떤 이는 그러다 혁신적인 자물쇠를 발명하기도 해요. 딜그는 구속복 대신 페로몬을 이용합니다. 부모 모두가 더고병을 지닌 경우, 유전적으로 그 자녀는 특별한 페로몬을 분비한다는 사실을 알게 되었기 때문입니다. 이 페로몬은 표류 후의 환자라도 진정시키는 효과가 있어요. 전처럼 이지적인 상태로 되돌리지는 못하지만, 일상생활이 가능할 정도로는 충동을 잠재웁니다. 그럼 사람을 강제로 묶어놓을 필요가 없어져요. 발작할 위험을 지닌 당사자로서는 한순간에 모든 것이 끝장날까 봐 두려워하지 않아도 되고요. 주인공은 이에 희망을 얻습니다. 저주스럽게 여겼던 자신의 유전적 체질을 활용할 방법을 찾았기에, 그리고 더고병 인자를 지니고서도 사람답게 살 가능성을 보았기 때문입니다.

여기서 중요한 점은, 딜그를 세운 사람들이 대응을 포기하지 않았다는 점입니다. 더고병 페로몬을 찾을 때까지 연구를 거듭했어요. 정신이 표류하는 환자들을 어떻게든 내버리지 않으려고 노력했습니다. 이를 위해 수고스럽고 비용이 많이 드는 시스템을 설계했지요. 이성이 없는 환자들을 자유롭게 두려면 세심한 주의를 기울여야 합니다. 환자를 가둘 때에 비하면 손이 많이 가는 방식이지요. 그래도 딜그는 환자가 조금이라도 인간답게 생활하도록 합니다. 발작 이후에도 자신을, 혹은 남을 해치지 않을 수 있게 만들어요. 딜그의 환자들은 이전처럼은 아니지만 자기 생활을 영위합니다. 타인을 해치지 않으면서요. 딜그와 같은 곳이 늘어난다면 사회에서 힘겹게 싸우고 있는 더고병 보유자들의 처지도 달라지겠지요. 발작을 두려워하기만 하는 생활에서 자유로워질 것입니다. 나아가 다른 더고병 보유자를 도울 수도 있고요. 주인공은 딜그를 통해 비로소 자신이 어떤 일을 하고 싶은지 찾습니다.

3. 내가 아니라 세상이 이상해

남다르다는 것은 세상의 보편과 다르다는 뜻입니다. 세상을 뒤집으면 보편과 특수도 바뀝니다. 정상과 비정상, 일상과 비일상, 일반과 예외가 달라집니다. SF는 세계 자체를 새로 만드는 만큼 현실과 다른 조건을 설정하곤 합니다. 예를 들어 김보영의 「다섯 번째 감각」 속 사람들은 소리를 듣지 않습니다. 입으로 말하지 않아요. 독자는 등장인물이 소리 내어 말하고 있으리라고 전제하지만, 읽다 보면 이들이 손으로 말한다는 사실을 알게 됩니다. 작중에서 소리로 말하는 사람은 이상한 사람입니다. 제대로 말하지 않고 허공에 뻐끔뻐끔하는 사람이지요. 수어를 비일상으로 취급하는 현실과 사뭇 다릅니다. 소설을 읽고 나면 소리를 듣는다는 감각이 새삼스러워집니다.

지문 인식은 어떨까요? 이제는 얼굴 인식 기능이 늘어났지만, 스마트폰의 지문 인식 기능은 아주 간편하고 빠르다는 점에서 획기적인 기술이었어요. 이서영의 「센서티브」는 지문 인식 기계가 일반화된 세상을 그립니다. 사람들은 버스를 탈 때도 지문 인식으로 요금을 지불합니다. 자동문을 열 때, 음식을 살 때, 스마트 기기를 쓸 때 모두 지문을 이용합니다. 지문이 잘 인식되지 않는 사람은 일종의 장애를 겪습니다. 현실에서는 조금 불편하고 말 텐데, 소설 속에서는 생활이 힘겨워집니다. 도와주는 사람이 없으면 어디 가기도 어렵습니다. 어찌어찌 도움을 청하거나 이동을 포기해야 합니다. 지문 인식 외의 방법이 남아 있었다면 생기지 않았을 문제입니다. 지문 인식 시스템의 오류를 인정하고 다른 보완책을 마련했다면 훨씬 덜했겠지요. 하지만 소설 속 세상은 시스템에 적합하지 않은 사람을 배제하는 방식으로 작동합니다.

지문 인식이 안 되는 체질은 잘못이 아닙니다. 인물은 잘못이 없어요. 세상이 이상하게 움직였습니다. 정상분포의 변두리에 있는 사람을 버리는 방향으로 발전했어요. 이런 소설은 우리의 질문을 바꿉니다. '집에 있으면 되지, 왜 이동하려고 해?'가 아니라 '왜 이동하게 해주지 않아?'라고 묻도록 합니다. '왜 너 하나를 위해서 시스템을 바꿔야 해?'가 아니라, '이 시스템은 왜 이렇게 배타적이지?'라고 생각하게 해줘요.

이유리의 「인어의 걸음마」는 마찬가지로 장애와 차별에 관해 이야기합니다. 세상이 물에 잠긴 뒤로 인류는 인어로 변했습니다. 다리 대신 물고기 꼬리가 달려 있어요. 그런데 간혹 유전적 이상으로 인해 고대 인류처럼 다리가 달린 사람이 태어납니다. 주인공은 꼬리가 없고 다리가 있습니다. 덕분에 해저에서 이동하는 데 어려움을 겪습니다. 그러다 폐허에서 모은 재료들로 '걸음마'를 발명합니다. 배터리에 제트 스크루를 연결해 물을 뒤로 뿜으며 앞으로 나아가는 추진 장치입니다.

걸음마는 점점 인어 사회에 퍼집니다. 헤엄을 어려워하는 인어가 주인공만 있었던 것은 아니니까요. 나중에는 빠르게 이동하고 싶은 인어들까지 걸음마를 이용합니다. 현실에서도 몸이 불편한 사람을 위한 기술로 대다수가 편해지는 경우가 종종 있습니다. 엘리베이터는 누구나 편리하게 이용합니다. 무거운 문은 누구에게나 힘들고, 자동문은 누구에게나 편합니다. 주인공은 자신의 다리를 보완하려다 사회를 바꿉니다. 누구보다 먼저 수면 위의 세상을 보고, 더욱 먼 곳으로 떠납니다.

4. 나의 특별함으로 너를 특별하게

이번에는 개인보다 집단의 이야기입니다. 사람들은 쉽게 끼리끼리 뭉치고 '우리'와 '그들'을 나눕니다. 낸시 크레스의 「스페인의 거지들」의 인물들은 "왜 우리가 그들을 도와야 해?"라고 물어요. 소설은 이런 질문을 통해 서로 다른 집단이 공존하는 사회를 깊이 고민합니다.

소설의 주인공 '리샤'는 '불면인'입니다. 불면인은 유전적 조작으로 인해 잠들지 않아도 괜찮도록 태어난 사람들입니다. 약을 먹어도 잠들지 못해요. 불면인은 남들이 자야 할 시간에 자유로이 공부하거나 일합니다. 당연히 학업 성취가 뛰어납니다. 심지어 유전적으로 똑똑하고 건강하기까지 합니다. 기술이 도입된 지 얼마 되지 않았기 때문에 불면인의 수는 많지 않습니다. 하지만 이들은 대체로 일찍부터 전문 분야로 나아가 사회 공헌에 힘씁니다. 환경 보호를 위한 새로운 기술을 만든다든가, 가난한 자들을 위해 변론하는 식입니다.

잠을 자야 하는 '수면인'들 다수가 불면인 집단에게 거세게 반발합니다. 수많은 수면인이 공연히 '불면인이 나에게 해를 끼친다'고 느낍니다. 자신보다 생활에 유리한 특질을 지녔다는 이유로요. 이들은 불면인을 보며 격노, 질투, 절망에 휩싸입니다. 그들의 성취를 빼앗고 싶어 해요. 불면인을 유전자 조작으로 태어난 괴물이라고 몰아가려 합니다. 수면인 자신과 같은 사람이라고 보지 않아요. 불면인과 수면인은 삶을 공유할 수 없다고, 사회에 섞여 살

수 없다고 여깁니다. 상대적으로 소수의 수면인만이 불면인을 공정하게 대하려 합니다.

불면인 집단도 수면인을 꺼리긴 마찬가지입니다. 수면인과 분리되어 살아야 한다고 여기는 불면인들은 리샤에게 묻습니다. "너무 약해서 우리와 교환할 것이 전혀 없는" 사람들에게 어디까지 내어주어야 하느냐고요. 불면인은 유능한 만큼 사회에 크게 기여합니다. 불면인 입장에서는 불공정한 거래로 느낄 만하죠. 더군다나 불면인을 핍박하는 세상에서는요.

상황은 점점 나빠집니다. 불면인을 겨냥한 법이 생깁니다. 명시적으로 불면인을 차별하는 내용이에요. 게다가 수면인 부모가 불면인 아이를 학대하거나 죽이는 사건도 연이어 일어납니다. 부모 자신이 원해서 아이에게 불면인 시술을 했으면서, 막상 자신과 다른 아이를 감당하지 못한 것입니다. 유명한 불면인들은 표적이 됩니다. 리샤 역시 위협을 받아요. 리샤는 수면인과 불면인이 공존 가능하다는 믿음을 뒷받침할 근거를 찾아야 합니다.

리샤의 답은, 돕고 돕는 관계가 거대한 순환을 그린다는 것입니다. 거래 관계의 전체 체계는 눈에 보이지 않을 수 있습니다. 도움의 거래는 즉각적으로 이루어지지 않습니다. 내가 남을 돕더라도 바로 대가를 받진 못합니다. 오히려 냉대를 받을지도 모르지요. 수면인이 불면인을 내쫓은 것처럼요. 그래도 리샤는 도움을 그만두지 말아야 하는 이유를 배웁니다. 리샤의 쌍둥이 동생 '앨리스' 덕분입니다. 앨리스는 평범한 수면인으로 태어나, 성장기 내내 뛰어난 '괴물' 언니 때문에 힘겹게 지냈습니다. 리샤는 줄곧 앨리스를 도와주어야 한다고만 여겼습니다. 앨리스에게 도움을 받으리라 생각해본 적이 없어요. 그래도 앨리스는 리샤에게 도움이 필요한 순간에 리샤를 도우려고 합니다. 도움받는 생활을 해봤고, 또 남을 도울 줄 알기 때문입니다. 리샤와 앨리스 사이에는 도움의 순환이 일어나요. 아주 먼 길을 돌아서 이루어지는 피드백입니다.

순환이 일어나게 하려면 남에게 도움을 베풀어야 합니다. '스페인의 거지들'을 내치지 말아야 합니다. 이들에게서 물러나는 것은 곧 순환의 가능성에서도 물러나는 것입니다. 자신에게 도움이 돌아올 가능성을 차단하는 일이에요. 리샤처럼 뛰어난 사람도 여러 사람의 도움 가운데 생활합니다. "모두는 계약으로 묶이지 않아도 서로에게 필요한 존재"입니다.

리샤의 아버지는 리샤가 어릴 적부터 그녀가 특별하다고 가르쳤습니다. 아버지는 불면인이 수면인과 본질적으로 다르다고 여기는 사람이었지요. 그래서 리샤는 일찍이 속으로 다짐했습니다. 자신이 특별하다면, 자신의 특별함으로 앨리스를 특별하게 만들어줄 거라고요. 그러나 이야기의 마지막에서 리샤는 앨리스가 이미 나름의 방식으로 특별하다는 사실을 깨닫습니다. 불면인의 남다름이 강조된 나머지 수면인 개개인이 지닌 특별함이 가려져 있었을 뿐입니다. 리샤는 장막을 걷어내고 앨리스를, 그리고 앨리스의 능력을 이해합니다. 동등한 관계의 시작입니다.

「스페인의 거지들」이 제시한 순환의 모습은 아름답습니다. 리샤는 자유로운 개인들이 맺는 관계를 믿어요. 하지만 개인의 선의에 기초한 관계는 쉽게 무너집니다. 선한 개인에게 기대어 만들어진 구조는 한계가 뚜렷합니다. 리샤와 같은 상냥한 개인이 없더라도 안정적으로 순환이 이루어지도록 만들 필요가 있어요. 그럴 때 등장하는 것이 법, 제도, 매뉴얼, 시스템입니다. 평범한 대다수가 참여하는 사회를 만드는 방법입니다.

구병모의 「웨이큰」에는 한 사람의 특별한 희생이 나옵니다. 사람들은 그를 특별한 사람이라고, '슬리핑맨'이라고 불러요. 그는 대규모 사고 현장에서 사람들을 살리기 위해 위험을 무릅쓰고 가상세계로 들어갔습니다. 덕분에 다른 사람들은 탈출했지만 그는 의식을 잃었습니다. 그의 아내는 서툰 한국어로 사회를 향해 말합니다. 낭중지추, 주머니를 뚫고 나오는 송곳처럼 뛰어난 사람에게 기대지 말라고요. 누구 한 명이 특출나지 않아도 굴러가는 세상을 만들라고요.

> 나는 한 개 한 개의 송곳이 유난히 튀어나오기보다, 그걸 감싼 가죽이 튼튼하기 바랍니다. 한 개의 송곳이 뾰족 뚫고 나오지 않아도 되는 질기고 억센 가죽 주머니를 원해. 사람이 위대하지 않고서도, 사랑이 위험하지 않고서도 그 꼴이 유지되거나 이루어지는 자리를 바라요. 그 누구도 영화에 나오는 주인공들처럼 복면을 쓰거나 전신 타이츠를 입지 않더라도 함께 행복할 수 있는 곳을요.[27]

---

[27] 구병모, 「웨이큰」, 『근방에 히어로가 너무 많사오니』, 황금가지, 2018, 140쪽.

키워드 5
환경오염과 전염병

1. 죽어가는 별

별이 죽어간다는 사실을 실감한 적이 있나요? 우리 태양은 적색거성으로 타오르고 있지만 수십억 년 뒤에는 폭발을 거쳐 백색왜성이 될 것입니다. 우리 태양계의 수명은 그때 끝나겠지요. 지구 역시 죽음의 길로 들어섰습니다. 지구는 행성이니 폭발하지는 않겠지만, 많은 전문가들이 지구 생명체가 대다수 사망하는 미래를 예측했습니다. 적어도 인류가 현재와 같은 생활을 그만두게 될 때가 머지않았다고 하죠. 자원 고갈, 기후 위기, 환경오염, 대규모 전염병과 같은 전 지구적인 문제로 인해서요. 천천히 다가오는 멸망은 속도가 느린 만큼 한순간의 죽음보다 장중하게 느껴집니다. 느린 멸망을 예감하는 사람들은 공포에 질리기보다 더욱 길게 지속되는 감정에 사로잡힙니다. 우울, 무기력, 절망 등 암울한 정서가 내려앉습니다. 하지만 그렇다고 바로 죽을 수는 없으니, 살아 있는 사람들은 어떻게든 살아갈 길을 찾아야겠죠. 살아서 별의 죽음을 지켜보는 것, 그것이 다잉 어스$^{\text{Dying Earth}}$ 장르입니다.

다잉 어스보다는 포스트아포칼립스가 친숙하실 거예요. 흔히 멸망이라고 하면 포스트아포칼립스를 생각합니다. 핵전쟁 등 대재앙(아포칼립스) 이후의 모습을 다루는 장르로, 갑작스럽게 대규모의 파괴가 일어나 세상이 한순간에 변하는 경우가 많습니다. 다잉 어스에는 그런 결정적인 계기가 없는 편입니다. 대신 다잉 어스 소설은 엔트로피 증가로 인한 멸망 등 거스를 수 없는 죽음이 깔린 세상을 다룹니다. 예를 들어 잭 밴스의 『다잉 어스$^{Dying Earth}$』(1950) 시리즈는 태양이 수명을 거의 다한 때가 배경입니다. 동식물은 기이하게 변했고, 사람들은 폐허에 삽니다. 제목으로 알 수 있듯 장르의 기원이 된 작품이에요. 그전에 나온 H. G. 웰스의 『타임머신』(1895)도 죽어가는 세계를 다룹니다. 주인공은 인류가 기괴하게 변한 미래의 지구를 마주하고, 다음에는 더욱 먼 미래로 갑니다. 거기서 온 우주가 서서히 끝을 맞이하는 모습을 봅니다. 아주 오래 걸리는 죽음이죠.

두 장르를 구별하는 데는 큰 의미가 없습니다. 앞서 장르는 장르 관습을 기준으로 하므로 분명하게 가르기 어렵다고 했죠. 멸망이나 어두운 미래를 다루는 이야기는 비슷한 특징을 공유합니다. 그리고 포스트아포칼립스는 아주 방대하고 인기 있는 장르인 반면 다잉 어스는 작품이 많지 않아요. 그래도 흥미로운 명명인 데다 이번 주제와 잘 맞아서 일부러 소개했습니다.

이번에는 느린 멸망에 초점을 맞춥니다. 죽어가는 지구를 중심으로 멸망과 재생을 다루는 이야기를 소개하도록 하겠습니다. 그중에서도 환경오염, 기후변화, 전염병을 원인으로 삼는 작품을 골랐습니다. 제일 현재성 있는 주제이기 때문입니다. 연구에 따르면 과거에는 매년 천만 종 중 하나꼴로 생물이 멸종했는데, 2010년대 10년 동안 멸종한 생물은 467종이라고 합니다. 자연 공간이 사라지고 기후가 변화하는 속도가 극히 빨라졌기 때문입니다. 코로나19와 같은 전 지구적 전염병 역시 생태계를 파괴하는 인간의 활동 때문에 발생했다고 하죠. 기후변화를 겪으며 전

세계 박쥐들이 사는 지역이 바뀌었고, 바이러스에 감염된 박쥐와 인간의 접촉이 늘어나면서 새로운 전염병이 퍼진 것이라고요. 인간이 생태계를 교란한 결과가 어떻게 나타날지 이제 누구도 정확히 예측하지 못합니다. SF라고 딱히 예언이 나오지는 않습니다. 다민 SF 소설에는 대규모의 죽음이 닥칠 때 그에 대응하는 사람들의 면면이 등장합니다. 우리는 여기서 죽음을 예견하고 준비하는 사람들의 마음가짐을 참고할 수 있어요. 그리고 죽기 전까지 삶을 포기하지 않는 자세를 읽을 수 있습니다.

2. 오염과 고갈

지구를 떠나지 않는 이상, 지구의 환경오염 문제로부터 도망칠 수는 없습니다. 우리는 앞서 살아간 사람들에게 오염된 환경을 물려받았고, 뒤이어 태어날 사람들에게 가능한 한 오염되지 않은 환경을 물려주어야 합니다. 몹시 어려운 일이지요. 환경오염이나 자원 고갈 문제는 필연적으로 세대 갈등과 관련이 있습니다. 뒤로 갈수록 잘못 없는 사람들이 심각한 문제를 떠안게 됩니다. 그래서 변화를 촉구하는 이들은 차세대이기 마련입니다.

배미주의 『싱커』(2010)는 인류가 치명적인 바이러스로 멸종할 뻔한 미래를 다룹니다. 살아남은 사람들은 지하도시 '시안'에 살고 있습니다. 빙하기가 닥친 탓에 지표면은 빙하로 뒤덮여 있고요. 어른들은 바이러스 감염을 피하고자 동식물과 같은 생명체를 도시에서 몰아냈습니다. 아이들은 오로지 홀로그램으로 자연환경을 배웁니다. 반면 관광지로 만들어진 '신 아마존'에는 시안과 달리 자연이 남아 있습니다.

빙하기 이후 신 아마존은 폐쇄되었고 사람들은 신 아마존을 잊었습니다. 그런데 신 아마존 동물의 의식에 동조^{sync}하는 '싱커^{syncher}'라는 게임이 아이들 사이에 유행하기 시작합니다. 싱커로 접속하면 동물들의 감각을 고스란히 느낄 수 있어요. 아이들은 홀로그램으로만 보던 자연을 온몸으로 생생하게 체험합니다. 그리고 시안의 모습을 다른 관점으로 바라보게 됩니다. 더군다나 주인공 '미마'와 친구들은 싱커를 통해 어른들이 숨겼던 비밀을 알게 됩니다. 과거 인류를 위협했던 바이러스가, 사실은 그 바이러스의 백신을 개발했던 대기업의 잘못으로 만들어졌다는 것입니다.

시안의 내부에는 사회문제가, 외부에는 **환경문제**가 도사리고 있습니다. 둘 다 이기적인 어른들이 낳은 문제입니다. 대기업 바이오옥토퍼스는 바이러스의 백신을 팔아 큰 이윤을 남겼습니다. 장수 유전자를 제공해 사람들이 오래 살도록 만들었지만, 덕분에 시안은 계급 차별이 극심한 곳이 되었습니다. 좋은 유전자를 공급받는 상류층 사람들은 뛰어난 외모로 오래 살며 이득을 누립니다. '비시민'과 '난민'들은 불편한 몸으로 나쁜 환경에서 생활합니다. 시안을 바꾸고 새로운 세상을 상상하는 일은 미마와 같은 청소년들의 몫입니다. 어떻게 해야 할지는 정확히 몰라도, 무언가를 해야 합니다. 적어도 아무것도 몰랐던 예전으로 돌아갈 수는 없습니다.『싱커』는 비록 자연과 인간을 지나치게 단순하게 대비한다는 단점은 있지만, 그만큼 분명한 메시지를 전달합니다.

이러한 세대 갈등은 윤이형의『졸업』(2016)에도 나옵니다.『졸업』은 환경오염이 만연해 사람들의 생식세포가 변이한 미래를 다룹니다. 자연히 아이가 태어나기 어려워져요. 청소년은 임신이 가능한지 아닌지 알기 위해 의무적으로 검사를 받아야 합니다. 난자 혹은 정자에 좋은 등급이 매겨지면 임신을 권장받습니다. 임신에 성공하면 각종 보조금을 지원받을 수 있어요. 고등학생인 주인공은 난자에 B등급 평가를 받아서 고민에 빠집니다. 대학에 합격했지만 등록금을 마련하기가 만만찮거든요. 보조금으로 학비를 충당하면 홀로 돈을 버는 어머니의 부담을 덜어드릴 수 있습니다. 하지만 자신이 정말로 임신하고 싶은지는 확실하지 않습니다. '나'에게 임신은 가족과 사회를 위하는 일일지는 몰라도 자기를 위한 선택은 아닙니다.

여기서도 환경오염은 어른들의 책임입니다. 청소년의 생식세포를 검사해 임신 가능성을 판별하는 제도를 만든 것도 어른들입니다. 청소년에게는 책임이 없습니다. 하지만 그렇다고 환경을 초기화하고 청소년끼리 새로운 세상에서 출발할 수는 없습니다. 그런 세상은 존재하지 않으니까요. 우리는 이 자리에서 계속 살아가야 합니다. 느려도, 싫어도 고쳐나가는 수밖에 없지요. 게다가 청소년은 필연적으로 어른이 됩니다. 물려받는 위치에 하염없이 머무를 수 없고 자기 행동에 책임져야 하는 순간을 맞이합니다. 주인공은 자신에게 허락된 시간 동안 무엇을 하고 싶은지 천천히 고민합니다. 그리고 다음 세대의 청소년에게 무엇을 줄 수 있을지 생각하는 어른이 됩니다. 오염된 환경을 되돌릴 순 없어도 이상한 사회를 조금씩 바꿀 수는 있으니까요.

테드 창의 「숨」에는 다음 세대가 없습니다. 여기서도 사람들은 자원을 소모하며 환경을 바꾼 탓에 멸망을 초래했습니다. 다만 우리의 환경오염과 같지는 않습니다. 이곳 사람들은 몸이 기계로 되어 있습니다. 이들은 지하에서 공기를 캐서 폐를 충전합니다. 숨을 쉬려면 주기적으로 폐를 갈아주어야 합니다. 그리고 이들은 폐에서 얻은 공기로 몸속의 기계 장치들을 움직여 신체활동을 합니다. 머리에는 뇌 대신 '조그만 회전자들과 초소형 왕복실린더들'이 들어 있습니다. 숨을 쉬면 실린더가 공기를 머릿속에서 순환시킵니다. 내부에 끊임없이 미세한 바람이 불도록 만들어요.

    이들은 머릿속에 바람이 꾸준히 불게 해서 기억을 유지합니다. 이들의 머리에는 뇌세포 대신 작고 얇은 금색 조각들이 존재합니다. 수많은 금박이 미세한 바람을 맞으며 떠올라 허공에 특정한 모양을 그리고 있어요. 그 복잡한 패턴이 바로 기억입니다. 한 번이라도 숨이 끊기면 금박이 모두 바닥에 떨어지기 때문에 패턴을 유지하지 못해요. 기억을 잃어버립니다. 따라서 이들에게 체내에 공기를 순환시키는 것은 몸을 움직이기 위해서만이 아니라 자기 자신을 유지하기 위해서도 필수적인 행위입니다.

    하지만 공기가 흐르려면 압력 차이가 필요합니다. 바람은 압력이 높은 곳에서 낮은 곳으로 불지요. 지하에만 공기가 있을 때는 지상의 기압이 충분히 낮았습니다. 하지만 이들이 숨을 내쉴수록 공기가 점점 지상에 퍼져, 지하와 지상의 기압이 비슷해졌습니다. 이쪽 우주는 크롬으로 밀폐되었기 때문에 공기가 다른 쪽으로 빠져나갈 일은 없습니다. 기압차가 줄어드니 체내의 공기 흐름 역시 약해집니다. 이들은 삶을 지속할수록 점점 느리게 생각하게 됩니다. 그러다 어느 순간 멈추겠지요. 모든 생명이 죽음을 향해 살듯, 이들의 우주는 평형상태를 향해 나아갑니다. 평형에 이르러 아무런 활동도 일어나지 않는 상태가 우주의 궁극적인 정착지입니다.

    그렇다면 반대로 생각해 볼까요. 아무것도 움직이지 않는 정지 상태가 당연한 것이라면, 생명 활동이 생겨난다는 사실은 기적적인 우연입니다.

> 우리가 세운 건물, 우리가 일군 미술과 음악과 시, 우리가 살아온 삶들은 예측할 수 있는 것들이 아니었다. 그 어느 것도 필연적이지 않았기 때문이다. 우리의 우주는 그저 나직한 쉿 소리를 흘리며 평형상태에 빠져들 수도 있었다. 그것이 이토록 충만한 생명을 낳았다는 사실은 기적이다. 당신의 우주가 당신이라는 생명을 일으킨 것이 기적인 것처럼.[28]

화자는 죽음을 받아들이면서 오히려 삶의 소중함을 생각합니다. 그리고 이들이 모두 멈춘 다음에 찾아올지도 모르는 다른 우주의 생명체를 향해 메시지를 남깁니다.

---

28 테드 창, 「숨」, 『숨』, 김상훈 옮김, 엘리, 2019, 86~87쪽.

3. 팬데믹에서 살아남다

멸망을 배경으로 한 가장 유명한 전염병 이야기는 조반니 보카치오가 쓴 『데카메론』(1353)일 것입니다. 『데카메론』은 페스트가 창궐하던 시절 피렌체 교외에 모인 열 명의 남녀가 열흘 동안 백 편의 이야기를 나누는 내용입니다. 멸망의 가능성을 목격했기에 오히려 웃을 만한 이야기가 필요했겠지요. 『데카메론』은 SF가 아니지만, 코로나 시대에 나온 단편집 『데카메론 프로젝트』(2020)에는 SF가 실려 있습니다. 마거릿 애트우드의 「참을성 없는 그리젤다」입니다.

작중 지구인은 전염병 때문에 격리되어 있습니다. 그리고 지구인을 위해 어느 외계인 연예인이 웃긴 이야기를 하러 옵니다. '은하계 간 위기 지원 프로그램'의 일환이에요. 갇혀 있느라 힘들 테니까 오락거리를 지원하겠다는 취지입니다. 그런데 그 연예인은 문어처럼 생겼고, 인간에게 화장실이 필요한 이유를 이해하지 못하며, 어설픈 동시통역기를 사용합니다. 그가 펼치는 이야기도 기이하고 우스꽝스럽습니다. 『데카메론』의 마지막 이야기인 '그리젤다' 부분을 자기식으로 가공했는데, 특히 원래 내용의 폭력과 여성 혐오를 노골적으로 지적하는 점이 웃겨요. 그리젤다는 남편이 아무리 가혹하게 자신을 시험하더라도 끝까지 싫은 내색 없이 순종한, 인내의 상징이거든요.

그의 이야기에서 어느 '공작'은 참한 평민 아가씨 그리젤다를 협박해 아내로 데려옵니다. 공작은 습관적으로 아내에게 비난을 퍼붓고 폭력을 휘두릅니다. 하지만 공작의 폭력은 우리가 미처 예상치 못한 다른 폭력으로 제압됩니다. 참을성 있는 그리젤다의 쌍둥이인 참을성 없는 그리젤다를 통해서요. 그 의외성이 또 웃음을 낳습니다. 웃기고 불편해요. 전염병과 외계인이 있는 이야기 밖 상황도 웃기고 불편합니다. 하지만 웃음조차 없는 것보다는 나은 상황이죠.

코니 윌리스의 『둠즈데이 북』(1992)은 그 두께만큼 무거우면서도 끈질기게 희망을 놓지 않는 이야기입니다. 주인공 '키브린'은 타임머신을 타고 14세기로 떠납니다. 작중 세계에서 역사학을 공부하는 대학원생은 자기가 연구하는 시대에 직접 다녀오는 현장실습을 해야 하기 때문입니다. 키브린은 중세 역사를 전공했으므로 중세를 고릅니다. 그런데 전송에 문제가 생겨 페스트가 유행하기 시작하는 14세기 중반으로 잘못 진입합니다. 처음에는 그 사실을 몰랐죠. 키브린은 그저 작은 마을에서 친절한 사람들을 만났다고만 생각합니다. 그런데 얼마 후 사람들 사이에 열병이 퍼지기 시작합니다.

키브린이 있었던 현대에도 원인을 알 수 없는 전염병이 퍼집니다. 처음에는 그저 유행성 독감처럼 보였으나 갈수록 훨씬 심각한 증상이 나타나요. 게다가 전염성이 높아 전 세계로 걷잡을 수 없이 전파됩니다. 키브린의 지도 교수인 '던워디'도 이에 휘말립니다. 14세기에 고립된 키브린을 구하러 가야 하는데, 인력이 부족해 연락하기조차 어렵습니다. 병원은 환자로 그득하고, 각종 비상조치가 시행되고, 소중한 사람들이 너무나 쉽게 사라집니다. 전염이 언제 멈출지 모르고요.

다행히 키브린은 페스트가 끝이 난다는 사실을 알고 있습니다. 역사가 그랬으니까요. 하지만 키브린은 페스트로 몇 명이 죽었는지도 알고 있습니다. 정체불명의 손님에게도 친절히 대해준 마을 사람들이 살아남을 가능성은 극히 적습니다. 키브린과 던워디 교수는 각자의 시대에서 한 명이라도 더 살리고자 고군분투합니다. 대규모 전염병에는 죽음, 상실, 무력감, 절망이 주렁주렁 매여 있습니다. 그만큼 삶을 사는 일은 치열한 투쟁이 됩니다.

리처드 매드슨의 『나는 전설이다』(1954)는 전염병이 세계를 휩쓰는 가운데 홀로 살아남은 남자의 이야기입니다. 이 세계는 핵폭탄 투하로 급작스러운 환경 변화를 맞이한 상태입니다. 사방에서 먼지 폭풍이 일어 곳곳이 모래투성이가 됩니다. 벌레는 거대해지고, 모기 떼가 기승을 부리며, 사람들은 처음 보는 병에 걸렸습니다. 병에 걸린 사람은 시체가 되어도 움직이며 신선한 피를 갈구하는 기이한 존재가 됩니다. 마치 전설 속의 흡혈귀처럼요.

주인공 '로버트 네빌'은 밤마다 집을 습격하는 흡혈귀 무리에 이골이 나 있습니다. 그는 술을 마시고, 음악을 듣고, 귀마개를 하고, 어떻게든 잠을 자서 체력을 보존합니다. 그렇게 버티지 않으면 살아남지 못합니다. 낮에도 해야 할 일이 많습니다. 그는 돌아다니며 흡혈귀 시체를 치우고, 식량을 얻고, 아직 활동을 멈추지 않은 흡혈귀들에게 말뚝을 박습니다. 지루하고 위험한 반복 작업입니다.

네빌은 흡혈귀의 원인이 박테리아라는 사실을 알아냅니다. 그리고 박테리아는 변이합니다. 살아있는 채로 박테리아에 감염된 사람들은 햇빛을 받고도 움직입니다. 멀쩡하게 대화할 수가 있고요. 그들은 인간을 대체하는 새로운 종족이 되었습니다. 마지막 인간인 네빌은 '옛 종족'입니다. 흡혈귀가 인간에게 전설적인 존재였던 것처럼, 네빌은 그들에게 전설로 남습니다. 이 점이 독특한 부분입니다. 살아남은 인간이 없다는 점, 그러나 새로운 종족이 살아간다는 점이요. 인류의 시대가 막을 내리더라도 그것은 인간의 멸망일 뿐입니다. 이를 곧 세상의 멸망으로 받아들이는 시각은 꽤 인간중심적입니다. SF는 인간 아닌 존재를 다룸으로써 인간중심의 세상 너머를 묘사합니다.

4. 지구를 살리고 싶다면

마지막으로 지구가 되살아나는 이야기를 보겠습니다. 멸망을 앞두고 있거나 이미 멸망했지만, 포기하지 않은 사람들 덕분에 지구의 생태계가 부활하는 내용입니다. SF다운 방식으로요.

정세랑의 「리셋」에서는 지구에 리셋이 일어납니다. 어느 날 기대한 지렁이 모양의 외계 생명체들이 하늘에서 떨어집니다. 이들은 건물, 플라스틱, 화학섬유 등을 닥치는 대로 먹어치웁니다. 인간이 만들어놓고도 감당하지 못하던 쓰레기가 사라져요. 대신 도시도 사라집니다. 인간이 일군 온갖 구조물이 지렁이에게 먹혀 분해됩니다. 사람들은 과잉생산과 과잉소비를 일삼던 기존의 생활로는 돌아가지 못합니다. 대신 새롭게 삶을 꾸릴 기회를 얻습니다. 그야말로 리셋입니다. 살아남은 후손들은 환경에 무리를 주지 않으면서 나름대로 활기찬 새 공동체를 운영합니다. 대가가 크긴 하지만, 우리가 품은 문제를 명쾌하게 치워버린다는 점에서 희망찬 이야기지요.

다음은 지구를 테라포밍하는 소설입니다. 테라포밍이란 지구가 아닌 다른 행성의 환경을 지구처럼 바꾸는 작업을 말합니다. 대기 구성, 온도, 물, 생태계 등을 지구와 비슷하게 만들어 인간이 생활할 만한 모습으로 바꾸는 일입니다. 그러니 원래 지구는 테라포밍의 대상이 아닙니다. 하지만 지구가 인간이 살지 못할 환경이 된다면 그때는 지구를 테라포밍할 필요가 있겠죠. 최이수의 『두 번째 달 -

기록보관소 운행 일지』(2021)는 인간이 사라진 후 아주 오랜 시간을 들여 지구를 테라포밍하는 이야기입니다.

인간의 이산화탄소 배출량이 지나치게 높아진 미래, 지구의 생태계는 급격히 파괴됩니다. 바닷물에 이산화탄소가 녹아 물이 약산성으로 변한 탓에 해양생물이 떼죽음합니다. 그렇게 시작된 멸종은 연쇄적으로 퍼지며 인류를 포함한 모든 생명체를 집어삼킵니다. 과학자들이 만들어둔 인공지능을 제외하고요. 지구 주변에 달처럼 뜬 인공지능 '아에룩'은 지구 테라포밍 프로젝트를 실행합니다.

아에룩을 비롯한 인공지능들은 행성 규모로 작업을 펼칩니다. 지구에 물을 보충하기 위해 얼음 소행성을 지구에 충돌시키기도 합니다. 지구에 남은 생명체가 없으니 소행성이 충돌해도 죽는 자가 없습니다. 인공지능은 수명이 없으므로 한 단계를 거치는 동안 몇백 년씩 기다릴 줄 압니다. 일상과 전혀 다른 규모로 작업이 이루어지는 점이 경이롭지요.

조금 작은 규모로 가볼까요. 김초엽의 『지구 끝의 온실』(2021)은 2058년과 2129년의 이야기를 다룹니다. 가까운 미래에 어느 연구실의 실수로 자가 증식하는 나노봇 무리가 대기에 퍼집니다. 이들은 시간이 갈수록 수를 늘리며 대기를 오염시킵니다. 원래 환경오염을 해결하기 위해 개발된 나노봇인데 오히려 대기오염을 악화시키는 역할을 했어요. 사람들은 이를 '더스트'라고 부릅니다. 더스트가 기승을 부리는 동안 약탈의 시대가 찾아옵니다. 마땅한 보호 장비를 갖추지 못한 사람들은 금방 사망했습니다. 더스트에서 상대적으로 안전한 공간인 보호소는 내부 다툼이 쉽게 일어나므로 오히려 안주하기 어렵습니다. '아마라'와 '나오미' 자매는 위험한 사람들을 피해 도망치다 온실이 있는 작은 마을, '프림 빌리지'에 도달합니다. 이 온실은 공기정화 효능이 있는 '모스바나'라는 식물을 개량하는 곳입니다.

안타깝게도 프림 빌리지는 오래가지 못합니다. 마을 사람들은 뿔뿔이 흩어졌습니다. 하지만 자신이 머물렀던 장소를 잊지 않고 모스바나를 널리 퍼뜨렸어요. 이야기의 화자인 '아영'은 더스트가 사라진 이후인 2129년에 식물 연구를 하고 있습니다. 아영은 식물생태학자로서 모스바나의 출처를 탐색하다 아마라의 이야기를 듣게 됩니다. 아마라가 이야기하는 프림 빌리지는 사라졌고 그때의 사람들은 거의 사망했지만, 모스바나는 남았습니다. 아영은 모스바나의 연원을 기록하고, 연구하고, 학계에 보고합니다.

아영의 연구는 다른 이들의 추가 연구로 이어집니다. 이전까지 더스트는 나노봇 제거 기술로 인해 사라졌다고 알려져 있었습니다. 그런데 추가 연구를 통해 제거 기술 이전부터 더스트가 감소했다는 사실이 밝혀집니다. 원인은 모스바나일 테지요. 모스바나가 더스트를 일정 수준 이하로 감소시켰기 때문에 제거 기술이 성공했던 것입니다. 만일 모스바나 연구자가 아영 혼자였다면 도저히 작업량을 감당하지 못했을 거예요. 학계는 전 세계에서 이루어지는 느린 협업을 통해 발전합니다. 협업 과정이 현실적으로 묘사되는 점이 재미있어요. 사람들은 논문 등으로 느슨하게 연결됩니다. 얼굴도 모르는 사람들이 아무런 대가를 주고받지 않고도 타인의 목소리를 이어받습니다. 연구자라는 자신의 역할에 충실하기 위해서요.

지금까지 멸망과 죽음에 대응하는 사람들의 이야기를 보았습니다. 이들은 고요한 마음으로 결말을 기다리기도, 환경을 바꾸기 위해 씨름하기도, 어떻게든 웃음을 찾으려 하기도 했죠. 이렇듯 죽음이 목전에 있는 상황에서는 오히려 살아 있는 이들의 모습이 강조됩니다. 죽음이 올 때까지 버티는 과정이 중요해져요. 함께 살아남은 이들이 협업으로 무엇을 이루어내는지도 중요하지요. 거대하고 느린 멸망을 다루는 SF는 극적인 배경을 통해 우리가 일상을 낯설게 보도록 합니다. 일상적인 생활이 사실은 당연하지 않다는 사실을 자각하도록 돕습니다. 그리고 아직 지구에 살아 있는 우리가 앞으로 어떻게 살 것인지도 묻습니다. 개인의 삶과 지구의 환경은 연결되어 있으니까요.

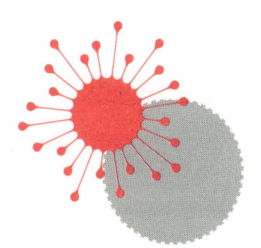

키워드 6
지구탐험

1. 시작은 지구탐험부터

SF 소설이라고 하면 '우주를 배경으로 삼는 소설'이라고 생각하는 경우가 많습니다. 하지만 SF가 처음부터 머나먼 우주를 이야기하지는 않았습니다. 초기 SF 소설들은 달처럼 가까운 우주, 아니면 지구 구석구석을 여행했습니다. 지구를 탐험하는 종류의 모험소설은 SF의 시작점 중 하나입니다. 예전 작가들은 북극, 남극, 정글, 심해, 지저에 우리가 모르는 세계가 남아 있다고 이야기했어요. '어쩌면 진짜로 있을지도 모르는 세계'를 설명했죠.

이제 우리는 달에 월인이 없고 바다에 심해인이 없다고 생각합니다. 직접 가보았으니까요. 남극점에는 다른 세계로 가는 통로가 없었습니다. 하지만 우주 어딘가에는 외계인이 존재할지도 모릅니다. 아무도 우주를 속속들이 살피지 못했으니, 단언할 수 없지요. 우리가 여전히 우주에 낭만을 품고 있는 이유입니다. 천문학자이자 작가였던 칼 세이건은 『콘택트』(1985)라는 소설을 통해 이렇게 말했습니다. "우주에 우리뿐이라면, 그건 엄청난 공간 낭비다." 혹은 앙투안 드 생텍쥐페리의 『어린 왕자』(1943)에는 이런 구절이 나오죠. "내 별은 밤하늘에 가득한 별들 가운데 하나가 될 테고, 그러면 아저씨는 밤하늘의 모든 별을 바라보는 게 좋아질 거예요." 좋아지는 이유는 저 먼 곳 별들 어딘가 그리운 존재가 있기 때문입니다. 지구탐험 소설은 우주여행 소설의 원형입니다. 낯선 세계에 무엇이 있을지 모르고, 무엇인가 있을 거라는 기대감을 준다는 점에서요.

2. 달세계 여행기

초기 SF 이야기를 했으니 잠시 과거를 짚고 넘어가겠습니다. 19세기 말에서 20세기 초의 소설을 볼까요. 앞서 최초로 SF 잡지를 창간한 휴고 건즈백 이야기를 했습니다. 그는 SF를 설명하기 위해 이미 활동하던 작가를 예로 들었습니다. 에드거 앨런 포, 쥘 베른, H. G. 웰스였지요. 이들은 일찌감치 SF라 할 만한 글을 썼습니다.

포의 소설 중 『낸터킷의 아서 고든 핌의 이야기』(1838)는 남의 배에 몰래 올라탄 '아서 고든 핌'이 남극대륙에서 사악한 원주민을 만나는 이야기입니다. 포의 다른 소설 「한스 팔의 전대미문의 모험」은 '한스 팔'의 열기구 여행기입니다. 그는 우연히 천문학 논문을 본 뒤로 과학에 빠져들고, 과학적으로 사람이 달에 갈 수 있다는 결론을 내립니다. 그리고 나름 치밀한 준비를 해 열기구를 타고 떠납니다. 그가 떠난 지 5년 만에 전달된 수기에는 달에 도착하기까지 겪은 일이 상세히 적혀 있어요. 그는 월인을 만나고 달의 뒷면을 보았다고 주장합니다. 당연히 허구이지만, 포는 최대한 구체적으로 사건을 묘사하여 이야기를 그럴듯하게 만들었습니다. 여느 SF가 하는 것처럼요.

쥘 베른의 모험소설은 국내에 청소년 도서로 자주 출간되었습니다. 『80일간의 세계 일주』(1873)나 『15소년 표류기』(1888)가 대표적이죠. 먼저 언급한 작품은 제목 그대로 80일 만에 세계를 한 바퀴 도는 이야기입니다. SF 소설도 많이 썼어요. 베른은 일찌감치 지표면 밖으로 눈을 돌렸습니다. 『지구 속 여행』(1864), 『지구에서 달까지』(1865), 『달나라 탐험』(1869), 『해저 2만리』(1869) 등은 SF입니다. 주인공이 지저, 해저, 달세계를 누비는 이야기죠. 특히 『지구에서 달까지』는 포의 「한스 팔의 전대미문의 모험」에서 영감을 받은 소설입니다. 포의 화자는 한스 팔의 수기를 엄격한 태도로 검증하려 하지만, 베른의 소설은 모험소설답게 비교적 흥미롭습니다. 덕분인지 베른의 소설은 웰스에게 영향을 끼쳤고, 또 영화 〈달세계 여행〉(1902)이 만들어지는 데도 기여했습니다.

그리고 여러 소설에서 과학의 발전을 낭만적으로 묘사했습니다. 19세기는 그만큼 빠르게 발전하던 시대였지요. 사람들의 일상이 급격히 바뀌었습니다. 증기기관을 이용한 철도, 철강으로 만든 선박, 전기통신을 이용한 전화, 대형 기계로 움직이는 공장, 고층빌딩 등이 들어섰습니다. 미래를 낙관적으로 볼 만한 때였어요. 문명은 한없이 발전할 것이고 앞으로 인간이 못 갈 곳은 없으리라고요. 베른의 소설에는 그런 과학기술의 발전을 낙관하는 이야기가 담겨 있습니다.

3. 아래로, 안으로, 끝으로

예전 서구 모험소설은 아프리카 대륙처럼 그들에게 미지의 세계였던 곳을 무대로 삼았습니다. 그곳은 신비한 일이 일어날 만한 곳, 혹은 일확천금이 숨겨진 곳이었습니다. 헨리 라이더 해거드의 『솔로몬 왕의 동굴』(1885)은 주인공이 사라진 동생을 찾아 아프리카의 오지를 탐험하는 내용입니다. 그는 결국 동생을 구하고, 덤으로 금광을 발견해서 행복하게 귀향합니다. 전형적인 결말이에요. 해거드의 다른 소설 『그녀』(1887)도 아프리카를 배경으로 합니다. 주인공은 어느 동굴에서 2천 년간 불멸의 삶을 살고 있던 아름다운 여왕을 만납니다. 여왕은 자신의 연인이 환생해서 돌아오길 기다리던 중이었습니다. 알고 보니 주인공이 그 환생한 연인입니다. 서구 '문명'이 미치지 않은 장소에 마법이 남아 있다는 믿음이 묻어나죠.

아서 코난 도일이 쓴 『잃어버린 세계』(1912)는 쥘 베른의 소설처럼 지구상의 낯선 공간을 이용합니다. 코난 도일은 셜록 홈즈 시리즈로 유명하지요. 사실 그는 역사소설이나 SF 모험소설을 상당수 썼습니다. 『잃어버린 세계』는 코난 도일에게 쏠쏠한 수입을 안겨준 인기 소설이었습니다. '챌린저 교수'라는, 과학적 발견을 위해 열망을 불태우는 학자가 중심인물이에요.

작중 화자인 '말론'은 챌린저 교수의 탐사팀에 들어갑니다. 탐사팀은 아마존강 유역에 공룡이 살아남아 있다는 소문을 듣고 진위를 확인하러 떠납니다. 그리고 어느 분지

가운데 고립된 땅을 발견합니다. 그곳에는 육식 공룡과 원숭이 인간 등이 살고 있었어요. 탐사팀은 살아서 탈출하기 위해 이리 뛰고 저리 뛰어야 합니다.

코난 도일은 다음 시리즈로 「마라코트 심해」를 썼습니다. 여기서는 '마라코트 박사'가 중심인물이에요. 챌린저 교수나 마라코트 박사나 괴짜 천재 과학자라는 섬은 비슷합니다. 둘 다 초기 SF 혹은 당시의 모험소설에 많이 등장했던 에디슨식 주인공입니다. 발명왕이라 불렸던 에디슨처럼 아이디어가 샘솟는 박식한 남자 주인공이 많았거든요. 다만 챌린저 교수가 다혈질에 몸집 크고 힘센 육체파 탐험가라면, 마라코트 박사는 비쩍 마르고 꼬장꼬장한 노인입니다. 그래서 힘쓰는 일은 다른 인물들이 맡아요.

「마라코트 심해」는 당대 SF 모험소설의 전형적인 이야기 구조를 보여줍니다. 마라코트 박사는 심해에 깊이가 2만 5천 피트에 달하는 구덩이가 있다는 사실을 발견합니다. 자기가 첫 탐사자가 되어 여기에 '마라코트 심해'라고 이름 붙이고 싶어 해요. 우연히 박사를 만난 화자 '사이러스 헤들리'와 동료 '빌 스캔런'은 충심과 용기라는 자질을 지니고 있기에 '남자다운' 열정으로 그와 함께하기로 합니다.

심해에는 거대하고 신기한 생물들이 살고 있습니다. 마라코트 박사 일행은 심해로 가자마자 거대 게를 만나 조난을 당합니다. 생명줄이 끊어져 '이내로 죽는가 보다' 하는 시점에, 어디선가 거무스름한 피부의 인간들이 나타납니다. 심해인이죠. 그들은 고대 아틀란티스에 살던 사람들의 후손입니다. 해저 화산이 폭발해 아틀란티스가 가라앉을 때, 어느 예언자가 침몰을 내다본 덕분에 일부가 바닷

속으로 피신했거든요. 그들은 신비로울 정도로 뛰어난 기술력을 갖췄습니다. 특수한 유리로 된 잠수복을 입고 분자로 합성한 음식물을 먹어요. 분자합성기 아이디어가 존재했다는 점이 흥미롭죠.

그런데 아틀란티스 사람이 육지 사람보다 뒤떨어지는 면이 있습니다. 창조성이 없다는 점입니다. 그들의 기술은 침몰 이후로 발전하지 않았습니다. 오히려 과거보다 퇴보했다고 봐야겠지요. 덕분에 사이러스는 아틀란티스의 기술에 압도당하지 않고 그들을 내려다봅니다. 육지 사람에겐 응용력과 예술적 창조성이 있다는 생각 때문입니다. 예를 들어 빌은 주머니에 넣어온 하모니카로 음악을 연주하곤 합니다. 그러면 아틀란티스 사람들은 "넋나간 사람들처럼" "경건한 자세로" 연주를 들어요. 사이러스는 이 점에 자부심을 느낍니다.

일행은 아틀란티스 사람들의 곤경을 해치우며 영웅이 됩니다. 초인적인 힘을 휘둘러 문제를 해결하지요. 과거 독자들이 환호했을 만한 부분입니다. 하지만 주인공이 자부심을 느끼게 만들려고 타자를 미숙하고 뒤떨어지는 모습으로 묘사하는 건 재미있지 않습니다. 아무래도 시대적 한계를 감안해야 할 부분입니다.

에드거 라이스 버로스의 '펠루시다' 시리즈는 「마라코트 심해」처럼 SF 모험소설입니다. 세 걸음에 한 번씩 위기가 닥치는 숨가쁜 이야기로, 시리즈가 8권까지 이어졌던 인기작입니다. 버로스는 『타잔』(1912)을 비롯한 '타잔' 시리즈의 작가로도 유명한데, 『펠루시다』 후속권에는 타잔까지 등장합니다. 국내에는 『펠루시다 1: 지구의 중심에서』(1914)와 『펠루시다 2: 지저세계 펠루시다』(1915)만 번역되었습니다.

주인공 '데이비드 이네스'는 튼튼하고 용감한 인물로, 기지를 발휘해 매번 위기를 넘깁니다. 그는 광맥을 찾아 '애브너 페리'라는 노인과 땅을 뚫는 기계에 탑승합니다. 그런데 진행 방향을 잘못 설정하는 바람에 지구 속으로 파고들게 됩니다. 더위로 죽거나 숨 막혀 죽을 운명이었죠. 데이비드가 죽기 직전, 놀랍게도 주변 온도가 낮아지면서 넓은 공간이 나타납니다. 바로 지저세계 펠루시다입니다.

작중 설정에 따르면 지구 속은 텅 비어 있습니다. 빈 공간, 즉 공동으로 되어 있어요. 이런 설정은 존 클리브스 시메스 주니어가 만든 '시메스의 공동 이론'에서 나왔습니다. 시메스는 북극과 남극에 지구 내부로 통하는 구멍이 있다고 믿었습니다. 지금 보기엔 허황된 말이지만, 20세기 전까지 사람들은 북극과 남극을 잘 몰랐습니다. 인간이 북극점에 도달한 때는 1909년, 남극점에 도달한 때는 1911년입니다. 그러니 북극과 남극은 지금보다 훨씬 미지의 영역이었어요. 다른 세계로 이어질지도 모르는 곳이었죠. 『펠루시다』 시리즈는 그때의 환상을 한껏 담고 있습니다. 직접 지표면을 뚫고 들어간다는 차이가 있지만요.

소설은 원심분리기의 원리를 이용해 펠루시다의 풍경을 설명합니다. 가스가 뭉쳐 지구가 처음 생겼을 때, 물질이 지표면과 핵으로 나뉘었다고요. 둘 사이에 생긴 공간이 펠루시다입니다. 그래서 펠루시다의 바다에는 수평선이 없습니다. 수평선이나 지평선은 지구 표면이 바깥쪽으로 휘어졌기 때문에 나타납니다. 펠루시다에서는 지표면이

안쪽으로 휘어지므로 바다가 머리 위를 뒤덮는 것처럼 펼쳐집니다. 그리고 지구의 핵은 펠루시다의 태양이 되었습니다. 핵은 펠루시다의 한가운데 있을 수밖에 없으니, 언제나 정오인 것처럼 제자리에서 찬란하게 빛나요. 과학적으로는 틀렸더라도 소설로서는 흥미로운 설명이지요.

데이비드는 펠루시다에서 인간과 유사하게 생긴 종족을 만납니다. 그들은 도마뱀처럼 생긴 '마하족'에게 고통받고 있어요. 데이비드는 마하족을 물리치고 펠루시다의 유사 인간을 패권 종족으로 만들려 합니다. "무지의 암흑 속에 갇힌 인류를 진보와 문명의 빛으로 인도"할 생각으로 흥분합니다. 유사 인간들의 기술력이 뒤떨어진다는 사실은 데이비드의 행동을 정당화합니다. 그는 총기처럼 강력한 무기가 펠루시다에 어떤 변화를 불러올지 걱정하지 않습니다. 그리고 개척자로서 자신의 왕국을 일굽니다.

앞서 본 「마라코트 심해」와 『펠루시다』는 유사한 감성을 공유합니다. 낯선 세계를 문명화되지 않은 곳으로 본다는 점, '충심과 용기라는 자질'을 갖춘 남자들의 이야기라는 점, 주인공이 개척자이자 영웅으로 활약한다는 점입니다. 낯선 세계에서 아름다운 여자를 만난다는 점도요. 그 여성은 소위 '야만적인' 세계의 일원이지만, 신기하게도 주인공처럼 '문명 세계'의 사람들에게까지 아름다워 보이는 외모를 갖추고 있습니다. 그래서 그녀만은 주인공의 곁에 있는 일이 허용됩니다. 「마라코트 심해」의 사이러스는 족장의 딸 '모나'에게 한눈에 반합니다. 모나는 지극히 아름답고 우아해서 물의 요정 같아요. 그리고 모나는 아무 불만 없이 사이러스를 따라 심해를 떠납니다.

『펠루시다』의 데이비드는 '아름다운 다이안'을 구출합니다. 일족의 공주인 그녀는 매우 아름다워서 이름조차 아름다운 다이안입니다. 다이안은 데이비드에게 마음이 있는데도 자꾸만 그의 고백을 거부합니다. 이런 거부는 시늉에 불과합니다. 화난 데이비드가 "갑자기 사납게 변해서, 수십억 년 전으로 되돌아가 무력으로 아내를 취하는 진정한 동굴인간"처럼 억지로 키스하자, 다이안은 비로소 '이런 걸 기다렸다'고 말합니다. 영웅적인 남성상과 수동적인 여성상에 부합하는 장면입니다.

물론 복잡하게 생각하고 싶지 않은 독자도 많을 거예요. 『펠루시다』와 같은 즐거운 모험 이야기에는 원초적인 재미가 있습니다. 위기 상황 바로 다음에 새로운 위기가 닥치는 식으로 순식간에 장면이 바뀌거든요. 그저 현대인의 감성에 맞지 않는 요소들이 있을 뿐이지요. 작가의 가치관에 동조하지 않는다고 해서 작품을 모욕하는 것도 아니고요. 21세기에 사는 우리는 과거 '문명'과 '야만'이라는 말이 얼마나 편협하게 쓰였는지 압니다. 이에 관해 철학자이자 평론가였던 츠베탕 토도로프가 쓴 표현이 있습니다. "낯선 사람에 대한 우리의 최초이자 자발적인 반응은 그가 우리와 다르기 때문에 열등한 존재라 생각하는 것"[29]이라고요. 과거의 SF에서 '최초의 반응'이 나타났다면 이후의 SF는 조금 달라져야겠지요. 그렇지 않으면 너무 진부할 테니까요.

---

29 Tzvetan Todorov, 『The Conquest of America: The Question of the Other』(1982) 76p. 앤 패디먼, 『리아의 나라』, 이한중 옮김, 반비, 2022, 277쪽에서 재인용.

4. 공감하는 관찰자들

H. P. 러브크래프트의 「광기의 산맥」은 위의 소설들과 다른 위치에서 낯선 세계로 진입합니다. 러브크래프트의 소설은 거대하고 오래된, 사악하고 불길한, 초월적인 존재들을 이용해 공포를 자아냅니다. 「광기의 산맥」의 주인공은 낯선 지역을 탐사하고 다른 종족을 만나지만 우위를 점하지는 못합니다. 소설에 등장하는 산맥은 펠루시다와 달리 이방인이 함부로 모험하고 정복할 만한 공간이 아닙니다. 이곳의 주인은 인간이 감히 형언할 수 없는 존재들입니다. 멋모르고 발을 들이는 자는 이성을 잃습니다.

「광기의 산맥」의 배경은 남극입니다. 미스캐토닉 대학의 탐사단은 남극 어느 산맥을 조사하던 중, 머리가 별 모양인 기괴한 사체를 발굴합니다. 얼음 때문에 원형이 그대로 보존된 모습인데도 도무지 정체를 알 수 없어요. 나아가 탐사단은 아주 오래되고 거대한 도시의 유적에 다다릅니다. 사악한 신비감과 악의가 서린 곳이지요.

유적의 벽화에는 별 모양의 머리를 지닌 종족의 흔적이 남아 있었습니다. 그들은 도시의 옛 주민입니다. 얼음 속에 잠들어 있던 그들은 탐사단의 발굴을 계기로 하나씩 깨어납니다. 그들의 노예 종족인 '쇼고스'도 모습을 드러냅니다. 주인공 일행은 밀려드는 쇼고스 무리와 마주치고 정신없이 도망칩니다. 쇼고스 무리가 자아내는 풍경은 제정신으로 감당하지 못할 만큼 기이하거든요. 미치지 않고는 버티기 어렵습니다. 일행은 산맥을 탈출하는 데 성공하지만, 공포와 광기에서는 벗어나지 못합니다. 그런 찜찜한 면이 바로 러브크래프트 소설의 매력이고요.

여기서 산맥과 같은 낯선 세계는 주인공을 압도합니다. 앞서 다룬 남성 개척자 영웅 서사와는 정반대 구도입니다. 하지만 한쪽이 다른 쪽을 일방적으로 지배한다는 점은 같습니다. 대등한 관계를 맺지 않지요. 이런 구도에서는 평화롭게 공존하는 생활이 불가능합니다.

어슐러 K. 르 귄의 「정복하지 않은 사람들」은 다른 형태의 모험을 보여줍니다. 이 소설은 남극에 도달하고서도 그곳을 정복하지 않은 사람들 이야기입니다. 한때 사람들은 누가 최초로 남극점에 도달할지 경쟁을 벌였죠. 그리고 인간이 남극점에 도달하는 것을 '정복'이라고 불렀습니다. 가혹한 자연환경을 뚫고 대륙의 중심에 깃발을 꽂는 일이었으니 정복이라고 느꼈을 만하죠. 우리 역사에서는 1911년에 아문센 일행이 남극을 정복했습니다. 하지만 소설은 그보다 먼저 남극점에 다녀온 사람들이 있다고 말합니다. 정복하지 않았기에 알려지지도 않은 사람들입니다.

소설의 화자는 평범한 여자입니다. 결혼하고 아이를 낳고 집안 살림을 하던 20세기 초의 수많은 여자들 중 하나입니다. 그러나 극지 탐험이 한창 화제가 되던 1909년, 그녀는 자기도 남극으로 떠나기로 합니다. 그저 '더 많이 보고 싶다'는 마음으로요. 가족에게는 비밀입니다. 탐험은 여자가 할 만한 일이 아니었으니까요. 탐험에 지원한 다른 여자 몇 명은 남편 뒷바라지를 하느라 자리를 벗어나지 못했습니다. 거짓말에 성공한 사람들만이 출발 지점에 집합합니다. 이들 아홉 명은 여자가 해야 할 일을 내려놓고 세상의 끝으로 떠납니다.

남극 생활은 물론 힘겹습니다. 하지만 신나고 흥분되는 경험이기도 합니다. 여자들은 시끄럽게 논쟁하고, 창조성을 발휘하고, 악기를 연주하고, 식량을 나눠 먹으며, 남극점으로 가는 고단한 길을 함께합니다. 평생 간직할 특별한 관계를 맺어요. 다만 이들은 목적지에 도달하자 미련 없이 일상으로 돌아갑니다. 아무에게도 탐험 사실을 알리지 않습니다. 화자는 수기를 쓰긴 했지만, 이를 다락방에 숨깁니다. 여자들은 '남자들이 자기가 최초라고 자랑스러워할 수 있도록' 겸손하게 물러납니다.

작중 여자들이 물러나길 선택한 이유는 정확하지 않습니다. 그들은 그게 자연스럽다는 태도를 취합니다. 남극을 정복하지 않았듯, 남자들을 앞지르고도 꺾을 생각이 없었던 것일지도 모릅니다. 이들 탐험대는 처음부터 끝까지 원초적이고 순수한 동기로 움직입니다. '자기 눈으로 직접 보고 싶다, 멀리 가보고 싶다, 조금이라도 많은 것을 보고 싶다'는 마음이었죠. 남에게 인정받거나 이름을 알리겠다는 생각이 없습니다. 게다가 당시 여자들이 과학교육을 받기는 꽤 어려웠으니, 여자가 의미 있는 발견을 하리라 여겨지지도 않았습니다. 사회적 편견을 이기기가 남극 탐험보다 힘들었을 것입니다.

하지만 독자는 이들의 존재를 압니다. 「정복하지 않은 사람들」은 목소리를 남기지 않기로 한 사람들의 목소리를 상상한다는 점이 재미있습니다. 침묵하기로 택한 사람의 말을 대신 전한다는 점이요.

르 귄의 주인공을 관찰자 혹은 방문자라고 한다면, 박

성환의 「공감의 산맥에서」의 주인공은 이해자입니다. 이 소설은 '「정복하지 않은 사람들」 속 탐험대가 「광기의 산맥」의 미스캐토닉 대학 탐사단보다 먼저 남극의 산맥에 도달했다면 어땠을까?' 하는 가정에서 나왔습니다. 흥미로운 연결이죠. 게다가 소설은 앞서 「정복하지 않은 사람들」에서 비어 있던 부분에 해석을 채웁니다. 여자들이 왜 남극 '정복'을 하지 않았는지에 관해서요.

앞서 살펴본 소설들은 인간이 우월하다는 자부심을 보였습니다. 인간이 자연환경을 개척하고 정복했듯 낯선 세계에서도 그곳의 타자들과 겨루려 들었습니다. 그러나 탐험대의 여자들은 우열을 가르길 거부합니다. 낯선 존재를 만나도 이기고 지고를 따지지 않습니다. 애초에 인간의 우월함을 믿지 않기 때문입니다. 화자에겐 자신들이 잘났다는 믿음이 없습니다. 이때는 여성들에게 투표권조차 허용하지 않던 시대였으므로, 여성은 '2등 시민'이었습니다. 탐험대의 여자들은 남을 내려다보는 버릇이 없습니다. 자연히 상대를 정복하려 들지도 않아요.

「공감의 산맥에서」는 인간과 자연 사이의 우열을 흐트러트립니다. 인간은 낯선 종족보다 낫지도 못하지도 않습니다. 심지어 소설은 시간순으로 서술되지도 않습니다. 화자는 꿈을 꾸는 듯 현실과 비현실을 구분하기 어려워합니다. 「광기의 산맥」의 광기는 「공감의 산맥에서」의 꿈으로 변합니다. 화자는 자신의 탐험을 기록하며, 현실과 환상이 혼재된 상태가 오히려 진실이라고 말합니다.

이것은 결코 객관적인 기록이 아닐 것이나, 그렇다고 사실이나 진실이 아니라고도 할 수는 없을 것이다. 한밤의 꿈, 혹은 밝은 대낮의 백일몽들은 모두, 이성적이고 합리적인 기억과 기록으로 해명되지 않는, 해명할 수 없는 진실의 일말을 함축하고 있다. (……) 어리석은 여자들의 어리석은 몽상과 환상, 백일몽일 뿐일까? // 그렇다면, 그렇더라도, 나는 진실인 꿈을 택하겠다.[30]

탐험대는 남극에서 텐트를 치다가 별 모양의 머리를 가진 우주 바다나리와 마주칩니다. 생명을 잉태하고 있는 우주 바다나리를 보고 이들은 공감을 느낍니다. 생명이 생명을 잉태할 때 겪는 고난을 이해하기 때문입니다. 「광기의 산맥」에서 초월적인 괴물로 묘사되었던 그들은 「공감의 산맥에서」에 이르면 '그녀'가 됩니다. 여자들의 연장선상에 있는 존재이지요.

여자들은 남극을 탐험하는 동시에 바다나리들의 도시를 탐사합니다. 화자의 기록이 워낙 혼란스럽기 때문에 독자는 어느 쪽이 실제로 일어난 일인지 모릅니다. 어쩌면 바다나리와 만난 일이 모두 꿈일 수도 있지요. 추위와 피로 때문에 헛것이 보였던 것일지도요. 하지만 화자는 그들의 존재를 부정하지 않습니다. 바다나리들 앞에 잠시 멈춰서서 그들을 이해하려 합니다. 화자의 태도는 우리에게 질문으로 돌아옵니다. 혼란을 받아들이겠냐는 질문입니다. 자신이 옳다는 확신이 사라지면 혼란이 찾아오기 마련이니까요.

---

[30] 박성환, 「공감의 산맥에서」, 『뿌리 없는 별들』, 알마, 2020, 128~129쪽.

이는 탐험을 떠나는 모든 소설이 고민해야 하는 질문일지도 모릅니다. 낯선 곳에서 맞닥뜨리는 낯선 존재와 어떤 관계를 맺을지 묻는 것이기 때문입니다. 지구탐험이 주는 교훈은 우주탐험의 시대에도 여전히 유효합니다. 모험은 설레는 일이라는 점, 모험이 늘 정복의 과정은 아니라는 점이요.

키워드 7

우주여행

1. 머나먼 별들을 향해

우리는 밤하늘의 별을 볼 때마다 우주를 봅니다. 19세기에서 20세기 사람들은 달로 여행하는 이야기를 꿈꿨고, 우주선을 만들게 된 뒤로는 더욱 먼 우주로 떠나는 이야기를 만들었습니다. 미국의 유서 깊은 SF 드라마〈스타 트렉〉은 우주선을 타고 이곳저곳에서 임무를 수행하는 '스타플릿' 사람들 이야기입니다. 오리지널〈스타 트렉〉은 매번 이런 문구로 에피소드를 시작합니다. "누구도 가보지 않았던 곳으로 담대하게 나아간다$^{To\ boldly\ go\ where\ no\ one\ has\ gone\ before}$."[31] 괜히 가슴이 설레는 말입니다. 이들은 무슨 일이 일어날지 모를 미답지를 탐사하고, 알려지지 않은 지적 생명체와 교류합니다. 우주여행 소설에는 기본적으로 바깥세상을 향한 낭만이 담겨 있습니다. SF 역사의 초기부터 큰 자리를 차지한 생명력의 근원입니다.

---

[31] 오리지널 시리즈에서 쓴 표현은 'no man'이지만 이후에 'no one'으로 바뀌었습니다.

2. 지구와 인간에서 벗어나서

우주로 나가서 좋은 점 하나는 인간중심, 지구중심적 사고방식을 벗어난다는 점입니다. 프랑스의 시인이자 철학자였던 볼테르는, 시리우스인과 토성인의 시각으로 지구를 바라보는 소설 「미크로메가스」(1752)를 통해 사회를 비판하고 자기 철학을 풀어놓았습니다. 외계인의 시각으로 인간을 보면 많은 모습이 이상해집니다. 우주를 자유롭게 오가는 이야기는 그만큼 폭넓은 가능성을 그립니다. 저 먼 우주 어디에는 키가 2천400미터인 거인들의 세계, 로봇 창조주들이 사고를 치는 세계, 거대 규모의 관료주의적 외계인들의 세계가 있습니다.

스타니스와프 렘의 『사이버리아드』(1965)는 농담이 연달아 이어지는 소설입니다. 제목인 사이버리아드는 인공지능 등과 연관된 '사이버^{cyber}' 및 그리스의 대표적인 모험담 '일리아드^{illiad}'의 합성어입니다. 주인공 '트루를'과 '클라포시우스'는 로봇이지만 창조주 자격을 지니고 있습니다. 말하자면 로봇 신입니다. 둘은 에피소드마다 무대를 바꿔가며 뚝딱뚝딱 다채로운 기계를 만들어요. 무엇이든 소원을 이루어주는 기계, 자동으로 시를 쓰는 기계, N으로 시작하는 것은 무엇이든 만드는 기계 등이 나옵니다.

두 창조주는 창조성은 넘치지만 어설픈 탓에 매번 말썽에 휘말립니다. 소동이 눈덩이처럼 불어나고 이야기가 우스꽝스러워져요. 시를 쓰는 기계는 너무나 뛰어난 시를 대량으로 쓰는 바람에 시인들을 자살하게 만듭니다. N으로 시작하는 것을 만드는 기계는 허무^{nihil}, 부정^{negative} 등을 마구 제조하며 세계를 지워버립니다.

이런 호들갑은 『사이버리아드』의 핵심 요소입니다. 이 소설은 민담이나 동화처럼 과장된 묘사를 하는 SF입니다. '확률드래곤' 에피소드처럼 개념으로 장난을 치기도 해요. 세상에 드래곤은 존재하지 않습니다 다만 존재하지 않는다는 개념은 존재합니다. 무, 안티, 부정, 마이너스 등 다양한 비존재 방식이 존재합니다. 그렇다면 존재하지 않는 드래곤이 개념도 존재합니다. 트루를은 '드래곤은 있을 수 없다'는 개념에 확률증폭기를 사용해요. 그러면 확률이 지배하는 원자 배열 공간에 있던 드래곤이 실재하는 공간으로 이동합니다. 덕분에 사람들은 "드래곤의 울음소리와 화염과 쿵쿵거리는 발걸음 소리"로 고통받습니다. 분명 드래곤은 존재하지 않는데도요.

혹은 더글러스 애덤스의 『은하수를 여행하는 히치하이커를 위한 안내서』(1979) 시리즈가 있지요. 주인공 '아서 덴트'는 하루아침에 집을 잃습니다. 정부에서 고속도로를 만든다고 그 부근을 밀어버렸거든요. 아서가 항의해도, 그들은 왜 진작 이의를 제기하지 않았냐고 적반하장으로 따집니다. 자기들은 공사 계획을 미리 고지했다고요. 그런데 아서의 집처럼 지구도 하루아침에 사라집니다. 외계인이 은하 고속도로를 깔겠다고 지구를 밀어버리기 때문입니다. 아서는 집도 별도 잃은 채 어쩌다 우주선에 올라탑니다. 소설은 유쾌한 우주여행 이야기면서 관료주의를 향한 거대한 풍자 이야기이기도 합니다.

곽재식의 『ㅁㅇㅇㅅ』(2021)도 농담 같은 우주여행 모음집입니다. '미영'과 '양식'은 빠른 우주선만이 장점인 작은 회사를 운영합니다. 각 단편은 미영과 양식의 말다툼으로 시작해요. 미영이 근근이 잡다한 일을 물어오면 양식이 '우리가 사업을 시작한 목적이랑 안 맞는다'며 반대하는데, 먹고살려면 일을 해야 하지요. 일부러 뻔한 도입부를 유지하는 덕분에 독자는 이야기에 금방 친숙해집니다.

소설은 배경이 우주라는 점을 이용해 태연히 신기한 행성을 제시합니다. '이런 게 있을 수도 있지 않겠어?' 하는 듯해요. 미영과 양식의 이야기는 매번 가상의 행성을 겪는다는 점에서 행성 간 로맨스와 스페이스오페라 느낌이 납니다. 여기에 현대 한국의 소소한 애환이 묻어난다는 점이 흥미롭습니다. 이름이 특이한 휴양 행성 풍경을 묘사할 때, 회사 부장님의 진부한 동음이의어 개그에 하하하하 웃는 부하직원 모습이 등장하는 식입니다. 그래서 아무리 이상한 행성이 나오더라도 낯섦보다는 보편의 감각을 환기합니다.

작중 미영은 "망하는 이야기는 똑같은 게 없"다고 말합니다. 어찌 보면 모든 에피소드가 '망하는 이야기'지만 사연은 제각각입니다. 그 와중에 소설은 삶의 의미가 무엇이냐는, 과연 의미가 있겠냐는 질문을 거듭합니다. '우주가 사실 반복된다면?' '이 세상이 가상현실이라면?' '모두 만들어진 이야기라면?' 등이에요. 이런 질문은 거대한 허무로 귀결하기 쉽지요. 소설은 대신 '이 정도면 지루함을 달래줄 이야깃거리'로 괜찮다고 평해요. 이런 점까지 정말 긴 농담 같습니다.

3. 우주를 누비는

보통 우주여행을 중점으로 삼는 SF 소설을 스페이스오페라라고 부릅니다. 예전에 유행하던 통속적 서부극^{호스 오페라,} horse opera에서 유래한 이름이지요. 그리고 이는 주간 연속극 soap opera에서 따온 이름입니다. 서부극 중에서도 통속적이던 이런 작품은 주로 말을 타고 마을이나 도시를 돌아다니는 고독한 남자들의 이야기였습니다. 패턴이 뻔하고, 비슷한 이야기를 하염없이 반복해서 덧붙일 수 있었죠. 스페이스오페라는 남자 주인공이 우주선을 타고 돌아다니다가 반복된 패턴으로 문제를 해결하는 이야기라고 하겠습니다.

스페이스오페라는 본래 멸칭이었습니다. 내용이 뻔하다, 전개가 어설프다, 진부하고 고리타분하다, 읽을 가치가 없다는 평이 따라다녔어요. 그 이유는 작품이 너무 많이 쏟아졌기 때문이기도 합니다. SF 소설을 싣는 펄프 잡지들은 1930년대에 크게 성장했는데, 그때는 스페이스오페라가 잡지 판매량을 책임졌습니다. 대체로 노골적으로 흥미를 자극하는 이야기였으므로 쉽게 인기를 끌었지요. 예를 들어 E. E. 스미스의 '렌즈맨' 시리즈는 공간 왜곡이 일어나는 '렌즈'를 통해 우주여행을 한다는 설정이에요. 과학적으로 엄밀하지는 않습니다. 하지만 1937년부터 연재된 이 시리즈는 후대 창작자들을 통해 20세기 말까지도 소설, 영화, 애니메이션, 코믹스 등으로 이어졌습니다.

국내 SF 중에는 손지상의 『우주아이돌 배달작전』(2018)이 스페이스오페라에 속합니다. 가볍고 화려해요. 주인공

'시현'은 '은령'과 함께 '플라이하이'라는 팀을 이루어 우주 화물을 운송합니다. 그런데 이 세계에서 운송업은 인기가 없습니다. '존트'라는 기술을 쓰면 일종의 순간이동을 할 수 있으므로, 돈과 시간을 들여 힘들게 우주를 항해할 필요가 없기 때문입니다. 덕분에 운송업은 주로 한민족이 맡고 있습니다. 한민족은 배달의 민족이니까요.

그리고 한민족은 아이돌이 유명합니다. 플라이하이는 아이돌 그룹 '체인'의 투어 공연을 위해 그들을 운반합니다. 월드 투어가 아니라 은하 투어입니다. 작중 아이돌 공연은 팬에게 심리적으로 큰 영향을 미칩니다. 아이돌의 목소리가 정신에 직접 전달되기 때문입니다. 아이돌 소속사는 팬들의 뇌에 회로를 연결해 팬들을 울고 웃게 만듭니다. 그 경험이 종교적 숭배로 이어지기 때문에 이들 소속사는 아이돌을 '카무이'라고 부릅니다. 우상(아이돌)을 넘어 신(카무이)이 되는 거예요.

게다가 소속사는 아이돌의 복제 홀로그램을 만들기도 합니다. 필요하면 복제를 쓰면 되니까, 원본인 진짜 아이돌의 건강에 신경 쓰지 않아요. 체인의 리더 '아스리'는 건강이 좋지 않아 생명이 위험한데도 재계약을 위해 억지로 투어를 돌고 있습니다. 그가 사망하면 소속사는 그의 뇌에서 데이터를 뽑아 홀로그램을 만들 것입니다. 소속사 대표인 '선생님'은 아스리의 건강 상태를 알고도 투어를 강요합니다. 현실의 아이돌 문화가 녹아 있는 이야기지요.

체인의 은하 투어 뒤에는 거대 기업 '갤컴'과 '판타므 교단'의 음모가 얽혀 있습니다. 갤컴은 우주여행의 수단인 '존트 게이트'를 독점하고 있어요. 그리고 '렌즈'를 이용한 라이벌 서비스를 일부러 망하게 했을 정도로 탐욕스럽습니다. 갤컴 탓에 렌즈 방식은 이제 거의 아무도 쓰지 않습니다. 플라이하이 팀은 갤컴의 비밀을 하나씩 알아냅니다. 갤컴은 돈을 버는 것을 넘어, 세상 사람들의 정신을 통일하려는 음모를 꾸미고 있있습니다. 전형적인 악당이시요. 소설은 강대한 시간과 공간을 활용하며 이야기를 화려하게 장식합니다.

한편 네이선 로웰의 『대우주시대』(2007)는 24세기 우주에서 화물을 운반하는 이야기입니다. 여기서는 행성 간 무역 이야기가 쏠쏠하게 재미있어요. 갑자기 교통사고로 어머니를 잃게 된 주인공 '이스마엘'은 먹고살기 위해 우주선의 말단 승무원이 됩니다. 한 사람 몫을 하기엔 한참 멀었다는 '반의반' 등급을 받아요. 주방 잡일꾼 역할을 맡고요. 그런데 이스마엘은 커피를 좋아하는 어머니와 살았던 덕분에 커피를 맛있게 내릴 줄 압니다. 그는 훌륭한 커피 담당이 되어 반의반 몫을 해냅니다. 주방을 지휘하는 주방장 '쿠키'는 음식은 맛있게 만들어도 커피는 잘 내리지 못했거든요. 그렇게 이스마엘은 우주선 생활에 차근차근 익숙해집니다.

약력에 따르면 『대우주시대』의 저자는 평생 바다와 관련된 일을 했습니다. 그래서인지 우주선 내부의 묘사가 구체적입니다. 각 공간의 배치, 직역에 따라 다르게 나타나는 잡다한 버릇, 룸메이트와의 관계, 승무원들의 생활상이 세세히 묘사되기 때문에 정말로 선내 생활을 하고 있다는 느낌이 들어요.

그리고 이들은 배가 정박할 때마다 개인적인 무역 활

동을 할 수 있습니다. 예를 들어 우주선에 개인 소지품을 20킬로그램 실어도 좋다고 허락을 받았다면, 자기 물건은 5킬로그램만 채우고 나머지 15킬로그램은 상품으로 채울 수 있습니다. 등급이 올라가 고급 선원이 될수록 무게 할당량은 늘어납니다. 더 크게 사업을 벌일 수 있죠. 이스마엘의 주방 동료 '핍'은 화물선에서 반의반 등급으로 일하고 있지만 사실 무역업자 집안 출신입니다. 개인 무역으로 성공하는 것이 핍의 꿈입니다. 그는 필기시험 성적은 좋지 못해도, 각 성계의 물가를 알아내고 특산품을 기억하는 데는 천재적인 소질을 보여요. 어디서 무엇을 사고 어디에 팔아야 이득일지 압니다. 이스마엘과 핍은 힘을 합쳐 개인 무역을 시작합니다.

다른 승무원들이 하나둘씩 끼어들며 둘의 사업은 점점 규모가 커집니다. 마침내 협동조합을 이룰 정도가 돼요. 이들은 예기치 못한 성공을 거두고 무역에 열광합니다. 『대우주시대』는 즐겁고 마음 편한 소설입니다. 우주를 항해한다는 유쾌함, 거대한 우주선의 아름다움, 그리고 개성 있는 동료들이 있는 덕분입니다. 이스마엘이 주방 일에 능숙해지는 모습은 마치 '레벨 업'을 하는 듯하고요. 실제로 이스마엘은 시리즈를 거듭할수록 반의반 몫에서 반 명, 한 명 몫을 하게 됩니다. 소설의 무대가 넓어질수록 주인공의 역량도 늘어납니다. 마지막에는 선장이 되어 배를 책임지게 되고요. 아쉽게도 후속작은 국내에 번역되어 있지 않지만 언젠가 출간되기를 이 자리에서 빌어봅니다.

4. 진지한 스페이스오페라

앞서 스페이스오페라는 멸칭이라고 했습니다. 하지만 1970년대 이후 스페이스오페라는 재평가를 받습니다. SF 작가 레스터 델 레이는 SF 전문 출판 브랜드의 편집자 역할을 맡아서, 과거의 스페이스오페라 작품을 복간하는 작업을 했습니다. 후대에 다시 읽을 가치가 있다고 여겼기 때문입니다. 게다가 1980년대 이후에는 스페이스오페라의 분위기가 사뭇 달라집니다. 우주여행을 하면서도 설정을 엄밀하게 보완하고, 뻔하지 않은 구조로 장대한 모험담을 그리는 작품이 나옵니다.

조지 R. R. 마틴의 『나이트플라이어』(1981)는 장대하지도, 반복적이지도 않지만, 진지한 우주여행의 요소를 갖추고 있습니다. 마틴은 『왕좌의 게임』을 통해 판타지 작가로 알려졌지만, SF와 호러 장르도 꾸준히 썼습니다. 작중 배경은 외계 종족들의 전쟁으로 인해 황폐해진 미래입니다. 인류는 문명을 재건하려 하고요. 그래서 아홉 명의 과학자가 어느 외계 우주선의 정체를 밝히는 임무를 맡습니다. 이들은 나이트플라이어호를 타고 외계 우주선의 뒤를 쫓는 우주여행을 합니다.

항해 중인 우주선은 밀폐 공간입니다. 누가 들어오지도 나가지도 못합니다. 분명 처음에 탄 사람들 외에는 아무도 없을 텐데, 이야기가 진행될수록 승무원이 하나씩 죽거나 사라집니다. 어느 순간 시체로 발견되기도 하고, 갑자기 격벽이 열려 우주선 밖으로 쓸려나가기도 합니다.

밀실에서 일어나는 연쇄살인이죠. 작중 텔레파시 능력자는 '여기 누가 있다, 누가 감시하고 있다'는 느낌을 받아요. 『나이트플라이어』는 '유령의 집' 스타일의 호러와 광막한 우주를 여행하는 SF를 합친 소설입니다. 다행히 이야기의 끝에 이르면 진상이 밝혀집니다. 살아남은 주인공은 나이트플라이어호와 함께 끝을 기약할 수 없는 먼 여행을 계속합니다.

버너 빈지의 『심연 위의 불길』(1992)을 이야기하며 마무리하겠습니다. 이 소설은 '하드'한 문법을 갖춘 스페이스오페라입니다. 내적으로 오류가 없도록 설정을 탄탄하게 구성했다는 점에서 하드합니다. 자연과학 개념을 적극적으로 활용하고, 정보를 우수수 폭격하는$^{\text{info-dump}}$ 문장을 쓴다는 점도 하드 SF에서 자주 보이는 특징입니다.

소설은 진지하게 가상의 과학을 설명합니다. 작중에는 은하계를 포괄할 정도로 통신 범위가 넓은 네트워크가 있어요. 초광속 이동도 당연히 가능합니다. 게다가 은하계 심부로 갈수록 지성체의 능력과 물리법칙이 변화합니다. 과감한 설정이죠. 하지만 작품 내적으로는 개연성이 있습니다. 더욱이 모종의 비장감이 작품 전반에 깔린 탓에 독자도 이를 진지하게 받아들이게 됩니다.

소설은 스페이스오페라답게 화려하고 장중한 우주여행, 그리고 추격전을 펼칩니다. 사악한 초월체인 '역병'이 깨어나 은하계를 집어삼키는 가운데, 주인공 일행은 이에 대항할 힘을 찾아 '보물'이 있는 우주선으로 향합니다. 우주선에서 유일하게 살아남은 오누이는 거대한 세력 다툼에 휘말리고요. 초월적 지성을 갖춘 '신선'과 '역병', '다인

족' 사회, 생존자들과 구조대의 긴박한 모험은 이야기를 한껏 흥미진진하게 만듭니다.

　스페이스오페라는 우주여행이 핵심인 만큼 공간적으로 극히 자유로워요. 『심연 위의 불길』은 우주 전체를 아우르며 내용을 전개합니다. 지구가 전설로만 남을 정도로 먼 미래시대 이야기이기도 합니다. 소설은 굉장히 현대적으로 쓰였지만 여기에는 인류가 우주 진출을 상상하기 시작했을 때 품은 씨앗이 보입니다. 밤하늘의 별을 보며 사람들이 꿈꿨을 만한 모험담이요. 우주의 천문학적인 규모에 비하면 인간 개개인은 한없이 미세한 존재입니다. 어떤 사람은 작디작은 인간이 우주 탐사가 가능할 정도로 성취를 이뤘다는 사실을 자랑스럽게 느낍니다. 어떤 사람은 우리가 아무것도 아닌 존재일지도 모른다는 사실에 두려움을 느낍니다. 한없는 경이감을 느끼며 살아 있음을 소중하게 느끼는 이도 있습니다. 어느 쪽이든 우주를 보지 않으면 미처 경험하기 어려운 감각입니다. 이렇듯 SF는 감각과 경험의 세계를 확장시킵니다.

　우리는 태양계 바깥의 세상에 무엇이 존재하는지, 어떤 위험을 만날지 아직 잘 모릅니다. 인류 외에 아무도 없다는 사실을 알게 될지도 모르고요. 하지만 미지를 직접 확인하고 가능성을 현실로 바꾸기 위해서는, 담대하게 나아가는 수밖에 없습니다.

키워드 8

은하제국과 전쟁

1. 머나먼 전쟁

사람이 셋 모이면 사회가 발생한다고 하죠. 세력이 여럿 보이면 필연적으로 정치와 전쟁이 발생합니다. 이번에는 정치와 전쟁을 묘사하는 SF를 살펴보겠습니다. 지구인과 외계인이 충돌하는 작품이나, 가상의 무기와 전략을 즐기는 밀리터리 SF 등이요. 아니면 외계 사회에서 펼쳐지는 정쟁과 모략을 묘사하는 루리타니아 스페이스오페라가 있습니다. 이는 중세나 근대의 유럽에 있을 법한 가상의 국가를 다루는 루리타니아 로맨스에서 나온 이름입니다.

웰스의 『우주 전쟁』은 화성인의 지구 침공을 다룬 소설로, 외계인과 치른 전쟁 소설의 모태가 되었습니다. 웰스는 이 소설에서 인간의 오만과 폭력을 신랄하게 지적합니다. 당시 '대영제국'의 식민 지배와 환경 파괴를 생각하면서요. 그러면서 화성인으로 인한 혼란을 생생하게 그린 덕에 『우주 전쟁』은 여러 번 극화되었습니다. 미국에서는 오슨 웰스가 라디오 드라마로 제작했어요. 이는 1938년 10월 30일, 미국 CBS 라디오를 통해 방송되었습니다. 그리고 엄청난 혼란을 야기했어요. 드라마 중간에 실제 뉴스처럼 실감 나게 외계인의 침공 소식을 전하는 대목이 있었던 탓입니다. 덕분에 상당수의 청취자가 정말 침공이 일어났다고 믿었습니다. 드라마이고 픽션이라는 안내를 놓쳤거나, 외계인이 아니라 독일의 나치 군대가 미국을 침공했다고 여긴 경우였습니다. 당시는 제2차 대전이 발발하기 직전으로, 긴장이 고조된 상태였기 때문입니다. 그날은 패

닉에 빠진 사람들이 거리로 쏟아져 나오는 바람에 경찰이 출동할 정도의 소동이 일어났습니다. 이 소식은 다음 날 신문 1면에 실렸습니다. 칠레와 에콰도르에서도 비슷한 일이 일어났어요.

이렇듯 현실의 폭력은 SF의 창작과 소비에 영향을 끼쳤습니다. 원자폭탄이 발명된 1940년대에는 핵전쟁 시나리오가 인기를 끌었습니다. 핵무기로 인해 문명이 파괴되고 포스트아포칼립스가 펼쳐지는 SF가 다수 등장했습니다. 혹은 적이 침입할지 모른다는 불안과 공포를 다루는 소설이 있었지요. 잭 피니의 『바디 스내처』(1935)에는 '적이 숨어들었는데 우리 중 누가 적인지 모른다, 아무도 믿을 수 없다'는 긴장이 깔려 있습니다. 작중 인물들은 어느 날부터 친척이나 친구가 진짜가 아니라고 느낍니다. 얼굴은 똑같은데 어딘가 가짜 같다고요. 뭐라 말하기 힘든 오싹함이 감돌아요. 게다가 가짜들은 정말로 복제인간이었습니다. 외계에서 온 식물이 번식하는 과정에서 만들어진 부산물이었죠. 이때 식물이 뿌린 씨앗은 사람에게 몰래 침투합니다. 원본이 잠들면 씨앗이 그를 대체하고, 진짜 인간은 아무도 모르게 사라집니다. 이 소설은 영화 〈신체강탈자의 침입〉(1956), 〈인베이전〉(2007) 등의 원작이기도 합니다. 매력적인 아이디어여선지 여러 번 만들어졌어요.

우주 전쟁과 은하제국을 다루는 SF는 필연적으로 폭력, 갈등, 혼란을 이야기합니다. 얼마든지 변주될 수 있는 복잡한 소재이지요. 전쟁은 인류의 암울한 면을 드러내지만, 이를 자양분 삼아 피어나는 승리는 사람을 사로잡곤 합니다. 정치도 마찬가지로 골치 아픈 일이지만, 잘 꾸민 정치적 분쟁은 매혹적인 이야기가 돼요. 어떤 소설은 멋진 전쟁 영웅을 내세웁니다. 어떤 소설은 전쟁의 무용함을 이야기합니다. 어떤 소설은 인물 간의 복잡다단한 대립을 묘사합니다. 우리는 이를 통해 우리 사회에서 뻗어나가는 다양한 갈등의 양상을 간접적으로 체험합니다.

2. 외계 군대와의 전쟁

우주 전쟁을 다루는 소설은 대개 외계 생명체가 존재한다고 가정합니다. 앞서 언급한 『우주 전쟁』의 화성인은 거대한 머리에 열여섯 개의 촉수가 달린 모습으로 나옵니다. 로버트 A. 하인라인의 『스타십 트루퍼스』(1959)의 적은 거미처럼 생겼습니다. 인류가 보기엔 괴상하고 징그러운 모습입니다. 악당을 묘사하는 데 자주 쓰이는 방법이고요. 두 소설은 외계 생명체를 혐오스럽게 표현하여 은연중에 그들을 죽이는 행위를 정당화합니다. 거대 살인 거미가 다리를 바르작거리는 장면을 보면 도무지 그들과 공존하기는 힘들 듯하죠.

또한 『스타십 트루퍼스』는 분명한 정치적 메시지를 담고 있습니다. 작중 사회에는 '보편적이고 평등한 권리'라는 개념이 없습니다. 사회에 헌신하는 '훌륭한' 사람만이 권리를 누립니다. 시민권을 얻으려면 반드시 군 복무를 마쳐야 합니다. 시민이 아니어도 거주권이 보장되기는 하지만, 정계에 진출하는 등 사회 요직에 오르려면 시민이어야 유리합니다. 시민권은 책임을 회피하지 않는다는 의미이기 때문입니다. 작중 교사들은 엘리트주의를 가르칩니다. 어리석은 자는 투표하면 안 된다. 어린이라도 체벌을 받아야 한다. 소년범 특례는 없다. 소설은 교육 장면마다 거듭 의견을 피력합니다.

그러나 훈련과 전투 장면은 매력적입니다. 하인라인은 입담이 좋은 작가지요. 게다가 군인 출신입니다. 해군 사관학교를 졸업하고 장교로 복무하다 제대했어요. 제2차 대전 시기에는 아시모프 등과 함께 해군을 위해 민간 연구원으로 근무했습니다. 그래서인지 『스타십 트루퍼스』는 군대에 관한 묘사가 생생합니다. 소설은 주인공이 겪는 혹독한 훈련을 자세히 설명합니다. 땀 냄새와 진흙이 느껴질 정도로요. 주인공은 육군 중에서도 강화복을 입는 기동보병입니다. 강화복은 착용자의 힘을 몇 배나 강화해주는 장비입니다. 기동보병들은 다리에 달린 제트 분사기로 공중을 활강하고, 초인적인 힘으로 적들을 학살합니다. 강화복 아이디어는 이전에도 있었지만, 『스타십 트루퍼스』야말로 강화복 군인의 이미지를 대중적으로 전파한 소설입니다.

주인공은 훈련을 거쳐 육체적, 정신적으로 철저히 군인으로 다듬어집니다. 자기 부대에 굉장한 자부심과 소속감을 느끼고요. 이들은 절대로 부대원을 버리지 않습니다. 그리고 언제나 주저 없이 명령에 따라 전진합니다. 상대를 죽여도 괜찮을지 고민하는 일은 이들의 몫이 아닙니다. 적은 적이고 우리는 우리입니다. 우리가 죽으면 그만큼 적에게 갚아주면 될 뿐이지요. 적군인 '갈비씨'나 '거미'는 인격체로 나오는 법이 없습니다. 주인공의 전쟁은 물론 비극이기는 하지만, 다소 단순하고 낭만적입니다.

하인라인과 같은 시대에 활동한 제리 퍼넬은 밀리터리 SF인 『용병』(1979) 시리즈를 썼습니다. 미국의 용병 부대가 외계 행성에서 전투를 벌인다는 내용입니다. 주인공이 이끄는 용병 부대는 CIA에 의해 아프리카 내의 전쟁에 참여했다가, 갑자기 나타난 외계인들에게 도움을 받습니다. 그 대가로 주인공과 부대원들은 외계인을 따라 은하계 변경의 행성 '트란'으로 가게 됩니다. 그곳은 지구 역사에서 이름을 날렸던 온갖 부대가 전투를 벌이는 곳입니다. 주인공 부대는 총으로 무장했으므로 로마군이나 몽골군 등에 비해 유리한 위치를 차지합니다. 주인공은 신나게 싸운 뒤에 아름다운 공주와 결혼합니다.

퍼넬은 레이건 대통령 시절 SF 작가 래리 니븐 등과 함께 1981년 창설된 국가우주정책 시민자문회의^{Citizen's Advisory Council on National Space Policy}의 자문위원을 맡았습니다. 당시 미국은 미사일을 탑재한 위성 시스템을 구축하여 '우주를 무기화'하겠다는 계획을 세웠습니다. 자문회의에는 제리 퍼넬과 래리 니븐 외에도 폴 앤더슨, 그렉 베어, 로버트 A. 하인라인, 그레고리 벤포드, 딘 잉, 스티븐 반스 등이 참여했습니다. 하드 SF, 밀리터리 SF, 테크노 스릴러를 쓰던 작가들입니다.

위 계획은 방대한 예산이 필요했기에 그다지 현실성이 없었습니다. 덕분에 '스타워즈' 계획이라며 농담거리가 되기도 했어요. 하지만 지금도 국가안보를 위해 SF 작가가 동원되는 일이 간혹 있습니다. 캐나다는 SF 작가 칼 슈뢰더에게 미래의 군대 및 전쟁을 묘사해달라고 의뢰했습니다. 『제프라의 위기^{Crisis in Zefra}』(2005)는 그렇게 나온 소설입니다.[32] 프랑스는 인공지능과 사이버 보안 연구를 수행하는 국방혁신국^{Defence Innovation Agency}을 설립해 SF 작가로 이루어진 팀을 꾸렸습니다.[33] 각양각색의 시나리오를 상정해 미

---

32 이석원, "佛육군이 SF작가를 고용한 이유", 〈Tech Recipe〉, 2019. 10. 16.
33 위 기사.

리 위험에 대비하기 위해서입니다. 한국은 외교부에서 배명훈 작가에게 자문을 구한 적이 있습니다. 인류가 화성에 진출한다면 화성의 거버넌스, 즉 공공 경영 체계는 어떻게 구축될지에 관한 내용이었어요.

조 홀드먼의 『영원한 전쟁』(1974)도 미래의 전쟁 시나리오를 다루지만, 여기에는 선생에 대한 환상이 없습니다. 주인공은 IQ가 150이 넘는 탓에 '엘리트 징병법'에 의해 강제로 징집됩니다. 작중 군인은 의무적으로 가짜 기억을 주입받습니다. 적에게 극심한 적대감을 품도록 만드는 기억입니다. 그러면 고민 없이 외계 종족을 죽이는 군인으로 거듭날 테니까요. 소설은 『스타십 트루퍼스』와는 여러모로 대조적입니다. 『스타십 트루퍼스』의 군인은 전부 지원병입니다. 그리고 훈련을 통해 자연히 충성심과 소속감을 체득합니다. 『영원한 전쟁』은 그게 전부 거짓말에 기반한 가짜라고 말합니다.

주인공 '윌리엄 만델라'가 외계 행성에서 싸우는 동안, 지구에서는 천 년의 시간이 흐릅니다. 시간의 속도가 다르기 때문입니다. 상대성 원리에 의하면 광속에 가까운 속도로 움직일수록 시간은 느리게 흐릅니다. 작중 인류는 '콜랩서'라는 가상의 블랙홀을 이용한 초광속 항법을 습득했습니다. 덕분에 주인공은 시간의 흐름을 거의 겪지 않는 반면, 그가 돌아올 때마다 지구에 남은 인류는 급격히 변모합니다. 예를 들면 인류는 인구 감축을 위해 동성애를 일반적인 것으로 받아들입니다. 주인공과 같은 이성애자는 퀴어가 됩니다. 다음 귀환 때는 그런 구분조차 사라집니다. 인류는 아예 다른 종족으로 변합니다.

여기서도 강화복이나 신무기가 구체적으로 묘사됩니다. 그럴싸하고 매력적이에요. 하지만 소설은 전쟁 자체에 의문을 표합니다. 작중 군부는 적군이 공격했기 때문에 전쟁이 이어지는 거라고 설명하지만, 이는 거짓말입니다. 군부의 권력자들은 자신의 권력을 놓지 않으려고 전쟁을 일부러 지속합니다. 하인라인과 홀드먼의 성향 차이가 드러나는 부분입니다.

이는 어쩌면 두 작가의 경험이 다르기 때문인지도 모릅니다. 하인라인은 직접 참전한 적이 없고, 그가 겪은 제2차 대전은 미군이 상대방을 악마화하기가 비교적 쉬웠습니다. 반면 홀드먼이 겪은 베트남 전쟁은 참전을 정당화하기 어려웠습니다. 미국이 침공당한 것도 아니었으니까요. 당시 미국에서는 대대적인 반전운동이 일어났습니다. SF 작가들도 의견이 판이하게 갈렸습니다. 한쪽은 미국의 참전을 지지하고, 다른 한쪽은 반대했습니다. 결국 양측은 1968년 SF 잡지 〈갤럭시〉에 전면 광고를 냈습니다. 양측의 작가 명단을 받은 〈갤럭시〉는 펼침면 왼쪽에 찬성파, 오른쪽에 반대파의 이름을 실었습니다. 그 목록을 보면 작가의 성향이 배어납니다. 예를 들어 하인라인, 퍼넬, 니븐 등은 전쟁을 지지했습니다. 홀드먼은 참전 중이었기에 서명할 수 없었고요.

존 스칼지의 『노인의 전쟁』(2005) 시리즈는 전쟁 이후 세대의 이야기라고 하겠습니다. '노인의 전쟁'이라는 제목답게, 작중 군인은 죄다 노인입니다. 우주개척연맹의 우주개척방위군에는 65세 이상만이 입대할 수 있습니다. 살 날이 얼마 남지 않았다고 생각하는 이들이어야 하는 것이지요. '존 페리'는 75세를 맞이하여 군에 입대합니다. 다만 노인의 몸으로 참전하지는 않습니다. 신병들은 건강한 몸을 새로 받습니다. 외계 종족과의 전투에서 버티려면 강화 인간 정도는 되어야 하기 때문입니다.

전쟁은 전혀 유쾌하지 못한 일이지만, 주인공 존 페리는 농담에 일가견이 있고 비극 사이에서도 웃음을 끌어내길 좋아하는 인물입니다. 주인공답게 끝까지 살아남고요. 소설은 유쾌하게 시작했다가 평화롭게 마무리됩니다.

이외에도 우주에서 활약하는 군인 이야기는 많습니다. 로이스 맥마스터 부졸드의 『마일즈 보르코시건: 명예의 조각들』(1986)을 비롯한 '마일즈 보르코시건' 시리즈, 데이비드 웨버의 『바실리스크 스테이션』(1992) 같은 '아너 해링턴' 시리즈, 그리고 다나카 요시키의 『은하영웅전설』(1982) 등입니다. 다만 여기서는 싸우지 않는 군인을 소개하고 싶습니다. 배명훈의 『빙글빙글 우주군』(2020)의 우주군은 전쟁과 거리가 멉니다. 주인공들은 전쟁하는 사람이라기보다는 문제를 해결하는 사람입니다. 이들은 지구에서 지상 근무를 하며 행정 작업을 처리합니다. 자유로운 분위기 탓에 '그게 무슨 군대냐'는 말을 듣고요.

이 소설에는 '적'이 없습니다. 파벌 싸움이 있을 뿐입니다. 화성 식민지를 무력으로 진압하고 지구로 귀환하는 높으신 분이 있거든요. 폭력에서 자유로우려면 그를 거부해야 합니다. 주인공 우주군들은 전쟁이 아니라 전쟁을 막는 일을 합니다. 일 잘하는 유능한 사람들이 전문성을 발휘하여 문제를 해결하는 모습을 보여줍니다. 이런 군대, 이런 작전도 가능하다는 점이 재미있어요.

3. 거대한 우주선 안에서

세대우주선은 말 그대로 세대를 거듭하여 항행하는 우주선입니다. 인간의 수명으로는 도저히 도달할 수 없을 만큼 오랜 시간이 걸릴 때 쓰입니다. 초광속 이동, 워프 항법, 웜홀, 냉동 수면 등 이동 시간을 생략할 방안이 없는 경우이지요. 사람들은 온몸으로 시간을 견뎌야 합니다. 출발할 때 탔던 사람들은 수명을 다하고 죽습니다. 대신 자손 세대가 항해를 계속합니다.

세대를 거듭하다 보면 선대의 기억이 흐려지기 마련입니다. 많은 세대우주선이 목적지에 도착하기 전에 길을 잃어버립니다. 혹은 여행의 목적을 잊습니다. 과학은 점차 종교로 변합니다. 하인라인의 『조던의 아이들』(1941)에서 권력자들은 하늘을 보면 안 된다고 가르칩니다. 만약 누가 창밖을 본다면 우주를 만날 테니까요. 그럼 세상이 우주선이며, 우주를 항해하고 있다는 사실을 알아차릴 것입니다. 소설에서 주조종실은 '신성한' 공간이라 출입금지 구역입니다. 주인공 '휴 호일랜드'는 직접 주조종실에 들어갔다가 창밖 가득 펼쳐진 우주를 봅니다. 그렇게 세상의 비밀을 깨닫습니다. 그리고 머리 둘 달린 인물 '조-짐'과 함께 우주선 내에서 혁명을 시작합니다.

반면 임태운의 『화이트블러드』(2020)는 반대 방향으로 세대우주선에 접근합니다. 기본적으로 항해 중인 우주선은 폐쇄된 공간입니다. 사람은 우주에서 살지 못하므로 우주선 밖으로 도망치지 못합니다. 세대우주선은 대규모

인원이 평생 생활하도록 크고 넓게 만들어지긴 하지만, 폐쇄 공간이라는 점은 마찬가지입니다. 그리고 밀실은 살인 사건이 일어나기 좋은 배경이지요. 『화이트블러드』의 우주선에서도 사람이 사람을 죽이는 일, 나아가 전쟁이 벌어집니다. 소설은 이를 실시간으로 묘사하는 대신 외부인의 시선으로 전쟁 후의 모습을 관찰합니다. 신내에서 대체 어떤 일이 벌어졌는지 추적하는 것이 소설의 내용입니다.

작중 지구는 환경오염과 좀비로 인해 멸망하기 직전입니다. 인류는 마지막 자원을 끌어모아 세대우주선을 건조하여 생존 가능성이 보이는 행성으로 우주선을 발사합니다. 그리고 곧이어 두 번째 우주선을 만듭니다. 전자는 테라포밍[34]을 위해 기술과 자원을 가득 싣고 있었던 반면 후자는 그런 풍요가 없습니다. 낙오되었던 사람들이 아득바득 따라가기 위해 만든 우주선이기 때문입니다.

주인공 '이도'는 두 번째 우주선에 탄 백혈인간입니다. 백혈인간은 혈관에 나노봇을 주입받아 초인적인 힘을 발휘하는 존재입니다. 나노봇 때문에 피가 분홍색이라 백혈인간이라고 불려요. 이들은 다른 평범한 인간을 위해 임무를 수행하는 조건으로 승선 자격을 얻었습니다. 이도 일행은 냉동 수면에서 깨어 임무를 받습니다. 첫 번째 우주선에 잠입하는 일입니다. 일찌감치 행성에 도착해 테라포밍을 하고 있어야 할 배가 왜 우주 한복판에 표류하고 있는지 확인하기 위해서입니다.

첫 번째 우주선 안에는 사람이 보이지 않고 청소 로봇

---

[34] 다른 행성을 지구와 비슷하게, 인류가 생존 가능한 환경으로 바꾸는 일. 본 책 131쪽 참조.

만 돌아다닙니다. 청소 로봇의 팔이 닿는 높이까지는 깨끗하게 닦여 있지만 나머지 벽은 온통 피투성이입니다. 일행은 사람들이 어디로 갔는지, 그간 무슨 일이 있었는지, 자원은 무사히 남았는지 확인해야 합니다. 탐사를 진행하던 일행은 좀비의 흔적을 발견합니다. 첫 번째 우주선은 지구를 탈출하는 데 성공했으나 좀비에서 벗어나지는 못했습니다. 소설의 장르는 좀비가 등장하는 SF 하드보일드 스릴러입니다. 무대는 거대한 우주선이고요.

우주선 내의 전쟁과 혁명을 말하는 소설 중 리버스 솔로몬의 『떠도는 별의 유령들』(2017)은 이야기가 중층적으로 쌓인 흥미로운 소설입니다. 기본 줄기는 거대한 세대우주선 내에서 벌어지는 혁명 이야기입니다. 그들의 우주선 '마틸다'호는 A부터 알파벳 순으로 명명된 여러 개의 데크로 이루어져 있습니다. 그리고 각 데크는 여러 개의 윙으로 구성됩니다. L데크에는 로라 윙, 리프 윙 등이 있습니다. 주인공 '애스터'는 Q데크의 쿼리 윙에 살아요. 각 데크는 서로 인종, 경제, 문화, 언어가 달라 별개의 국가에 가깝습니다. Q데크 사람들은 아이들을 여성형 대명사 '그녀'로 부르지만, T데크는 무성형의 '그네[they]'로 부릅니다. 이들같이 하층 데크 사람들은 겉모습으로 성별을 구별하기 어렵게 생겼습니다. '유전성 부신 조절 장애' 때문에 신체가 뚜렷이 분화하지 않기 때문입니다. 의학적이고 합리적인 설명이지요. 그러나 어느 과학자의 주장에 따르면 "천계의 피조물은 암수가 있으므로 저런 악마 같은 모습은 천계의 질서에 부합하지 않"습니다. 이렇듯 소설은 선내 세상이 다양하게 분화되었다는 점, 강력한 억압과 차별이 존재한다는 점을 서두부터 드러냅니다.

데크 사이의 우열은 인종차별과 일치합니다. 상층 데크 사람들은 피부가 하얗습니다. 하층의 '타르랜드인', 즉 검게 가라앉은 타르 같은 사람들과 다릅니다. 하층 사람들의 피부는 진갈색이거든요. 게다가 상층은 열기를 비롯한 여러 자원을 호화롭게 소비합니다. 야생동물 보호구역이나 사냥터를 유지할 정도로요. 하층은 폭력, 빈곤, 추위, 가혹한 노동에 시달립니다. 하층을 돌아다니는 경비원들은 쉽사리 곤봉이나 허리띠를 휘두릅니다. 그러면서 자신이 '천계'의 명을 수행한다는 우월감을 품습니다. 소설의 혁명은 천계와 군주에 저항하는 역천逆天입니다.

소설은 우주선의 물리적, 사회적 구조를 엄밀하게 설계했다는 점에서 하드 SF입니다. 설명 대신 묘사를 하는 솜씨 덕택에 진부하거나 지루하지 않고요. 게다가 애스터는 강렬하고 복잡한 인물입니다. 애스터는 뛰어난 과학자이자 치유자로서, '남자와 여자와 마녀'의 이상한 혼합물로서, 자신이 무슨 일을 해낼 수 있는지 깨닫습니다. 그리고 별을 의미하는 자기 이름에 걸맞게, 마틸다호가 가야 할 별을 찾아냅니다.

4. 은하제국 건설과 몰락

2021년, 프랭크 허버트의 『듄』 시리즈가 영화로 나왔습니다. 1965년에 첫 책이 나왔으니 반세기가 훌쩍 넘은 소설입니다. 별들을 아우르는 제국이 존재한다는 상상은 그만큼 오래되었습니다. 영화 〈스타워즈〉 시리즈도 이름 그대로 별들 사이에 펼쳐지는 전쟁을 다루지요. 무대가 우주라는 점을 제외하면 둘 다 고전적인 이야기 구조를 반영합니다. 출생의 비밀을 지닌 주인공이 특별한 악당과 숙명적으로 대립한다는 점에서요.

여기서는 비교적 근래에 나온 제국을 소개합니다. 이윤하의 『나인폭스 갬빗』(2016) 시리즈의 제국은 '육두정' 구조입니다. 여섯 개의 집단이 정부의 역할을 분담하는 형태예요. 이들은 집단에 따라 독특한 능력을 지닙니다. 예를 들어 이야기를 끌어가는 인물 '슈오스 제다오'는 '슈오스' 출신입니다. 육두정에서 정보기관을 맡는 집단이에요. 슈오스의 상징은 꼬리 아홉 개 달린 여우입니다. 그들은 교활하고 비정한 모략가입니다. 상관을 암살하는 일이 슈오스의 취미생활이라는 우스갯소리가 있어요. 실제로 슈오스의 육두관은 빈번히 살해당하고 교체됩니다. 다만 제다오는 슈오스답지 않게 올곧은 인물로, 그들보다는 '켈'에 가깝습니다. 군대를 담당하는 켈은 충직함을 미덕으로 여기지요.

육두정은 '역법'으로 사회를 통제합니다. 달력을 만들 때 사용하는 그 역법입니다. 역법은 시간에 단위를 매기고 추상적인 존재를 인간이 통제 가능한 것으로 탈바꿈하는 방법입니다. 이 우주에서는 역법에 따라 초자연적인 현상이 일어납니다. 켈은 역법을 이용해 철저히 상명하복하는 군인을 만듭니다. 역법의 효과가 몸과 정신을 지배하므로 그들은 명령에 거역하려는 생각만 해도 극심한 고통을 받습니다. 그리고 켈 부대는 '신형 효과'를 사용합니다. 특정한 대형을 취하면 환영이 생성되는 등 독특한 효과가 생기므로, 이를 통해 다양한 전술을 펼칠 수 있습니다. 지휘관은 전투를 지휘하는 동안 역법의 효과를 바쁘게 수학적으로 계산합니다. 『나인폭스 갬빗』의 전쟁은 역법의 전쟁입니다.

나아가 소설의 전쟁은 역법과 치르는 전쟁이기도 합니다. 역법은 사회 구성원이 모두 믿고 따라야 효력을 발휘합니다. 제국과 다른 역법을 사용하는 일은 이단입니다. 이단자는 발각 즉시 사회에서 배제됩니다. 사형으로 즉결처분을 받거나, 불명예제대를 당하는 식입니다. 제국은 역법을 유지하기 위해 많은 희생을 감내했습니다. 혹은 많은 이를 희생시켰습니다. 제국이 현 상태의 역법을 유지하려면 반드시 희생 제의가 필요합니다. 이단은 희생자를 색출하기 위한 손쉬운 핑계입니다. 제다오는 천재적인 전략가로서 제국의 적과 싸우지만, 결국 그의 상대는 제국입니다. 육두정의 역법을 부식시키는 것이 그의 목표이지요. 소설은 제다오가 지휘하는 싸움이 전황을 어떻게 뒤집는지, 제국을 어떻게 붕괴시키는지 보여줍니다.

하나 더하자면, 앤 레키의 『사소한 정의』(2013) 시리즈 역시 독자적인 은하제국을 다룹니다. '라드츠' 제국을 다스리는 군주는 수천 개의 몸으로 제국 곳곳에 존재합니다. 그녀는 각 몸의 의식을 하나로 연결하여 3천 년간 자신을 유지해왔습니다. 그런데 언젠가부터 군주 자신들 사이에 조금씩 괴리와 오류가 생깁니다.

주인공 역시 독특한 몸과 의식을 지니고 있습니다. 그녀는 한때 함선을 움직이는 인공지능이었습니다. 이야기가 시작될 때에는 파편으로 남아 인간의 몸에 들어간 상태입니다. 덕분에 그녀는 인간들 사이의 상호작용을 이해하는 데 약간 곤란을 겪습니다. 게다가 그녀는 자신의 성별을 뭐라 해야 할지 모릅니다. 독자도 그녀의 성별을 모릅니다. 라드츠 제국에서 성별을 구분하는 문화는 사라진 지 오래입니다. 제국의 삼인칭 대명사는 모두 '그녀'입니다. 덕분에 그녀는 제국 바깥의 사람들을 상대할 때 늘 조심스러워져요. 성별을 구분하는 문화의 관습에 맞춰 상대를 대해야 하기 때문입니다. 그렇지 않으면 그녀가 제국인이라는 사실을 들킬 테니까요.

두 시리즈에서 은하제국은 위태로운 체제입니다. 육두정은 구성원에게 역법을 강요하며 간신히 제국을 유지합니다. 라드츠의 군주는 한계에 달했습니다. 은하 규모로 형성된 제국이라면 덩치를 유지하느라 휘청거릴 만하지요. 지구에 존재했던 제국도 지방 구석구석까지 통제하는 데 애를 먹었습니다. 배명훈 작가는 은하제국은 불가능하다고 말한 바 있습니다.

> SF 작품을 보면 과학적으로는 맞을지 몰라도 사회과학적으로는 틀린 경우가 많아요. 우주 제국은 있을 수 없거든요. (……)

제국이 되려면 지방과 소통하는 속도가 중요해요. (……) 지구와 화성 정도로만 멀어져도 통신에 시차가 생기고, 이동에는 더 큰 시차가 생겨요. 화성보다 더 멀면 당연히 분권해야죠. 그럼 제국 시스템은 불가능해요. 하지만 다들 그냥 넘어가죠. 과학 부분도 그렇게 틀려도 되지 않나 싶어요. SF에서는 과학적으로 정확한지가 아니라, 틀린 과학을 통해 작가가 어떤 세계를 만들고 싶은지가 중요하잖아요.[35]

SF는 비현실을 가정하는 장르입니다. 현실 기준으로는 불확실하다 못해 틀린 설정을 씁니다. 초광속 이동이 가능하다는 설정은 과학적으로 틀립니다. 은하제국도 사회과학적으로 틀립니다. 하지만 실현 가능성보다는 그것으로 무슨 이야기를 하는지가 중요합니다. 우주 전쟁, 우주선 내의 전쟁, 은하제국의 전쟁을 말하는 소설은 색다른 통치구조나 새로운 스페이스오페라를 선보입니다. 그리고 지구 바깥의 차원에서 인간을 조망합니다.

---

[35] 심완선, 『우리는 SF를 좋아해: 오늘을 쓰는 한국 SF 작가 인터뷰집』, 민음사, 2022, 287쪽.

키워드 9

평행세계

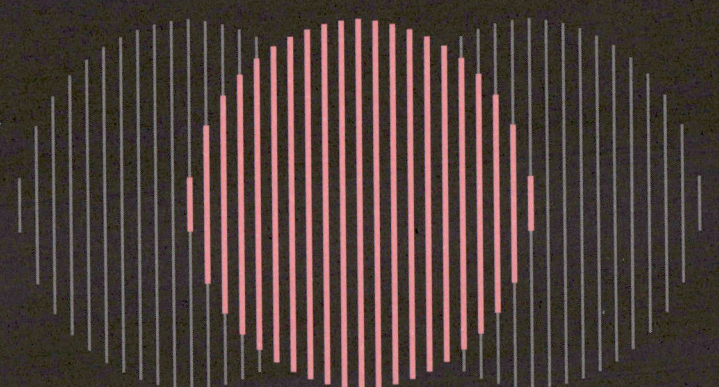

1. 평행하고 무한한 세계

평행세계는 우리의 우주 옆에 평행하게 존재하는 우주입니다. 어느 순간 우리와 갈라져 다른 길로 흘러가는 세계이지요. 예를 들어 한쪽 세계에서는 우연히 폭탄이 터져 전쟁이 일어났다고 하더라도, 다른 쪽에서는 우연히 폭탄이 터지지 않아 아무 일도 없었을 수 있습니다. 폭탄이 터진 쪽에서는 로켓과학이 쇠퇴하거나 참다랑어가 멸종할 수도 있습니다. 언제나 수많은 분기가 존재하기 때문에 폭탄의 효과가 어디까지 어떻게 작용할지 모릅니다. 만약 평행세계가 실존하는 개념이라면, 우리가 눈치채지 못했을 뿐 이미 수많은 우주가 생겨났을 것입니다. 우리와 평행선을 그리면서요.

원칙적으로 평행세계끼리는 만날 수 없습니다. 하지만 SF 소설에서는 평행세계 간에 교류가 일어납니다. 주인공들은 조금 다른 자신을 만나거나, 자기 세계에 없는 자원을 얻거나, 자기네가 맞닥뜨린 문제를 해결합니다. 이쪽 세계의 자신은 실패했어도 저쪽 세계의 자신은 성공합니다. 성공할 확률이 아무리 낮아도 세계가 무한하게 많다면 어디선가 가능성이 실현되었을 테니까요. 복권의 여섯 자리 숫자를 맞힐 확률은 814만분의 1이지만 이건 불가능이 아닙니다. 그러니 어느 세계에는 우연히 여섯 자리를 모두 맞힌 내가 살고 있겠지요. 그곳을 찾아내는 일이 어려울 뿐입니다.

평행세계 소설은 조금씩 다른 세상을 보여주기 때문

에 재미있습니다. 예를 들어 재스퍼 포드의 『제인 에어 납치사건』(2001)은 사람들이 문학을 아주 좋아해서 아이들 이름을 소설 주인공 이름으로 짓곤 하는 세계가 배경입니다. 도요새가 멸종하지 않았고, 특수범죄 수사팀에 시간경비대나 문학 전담팀이 있다는 점도 다르고요. 또는 미국의 슈퍼히어로 코믹스도 평행세계를 아주 잘 쓰고 있습니다. 마블이나 DC 등에서 만드는 슈퍼히어로 코믹스는 작품의 창작자가 한두 명이 아닙니다. 게다가 워낙 오래된 시리즈가 많다 보니 설정이 충돌하는 경우가 종종 발생합니다. 이때 '모두 공식 스토리다, 다만 평행세계일 뿐이다'라고 설명하면 문제가 해결됩니다. 되레 평행세계를 적극적으로 이용해 히어로를 색다르게 바꾸기도 합니다. '슈퍼맨이 지구에 올 때 미국이 아니라 소련에 떨어졌다면?' '피터 파커가 아니라 여자친구인 그웬 스테이시가 거미에 물렸다면 스파이더맨은?' '여자가 헐크가 된다면?' 등 여러 시도가 있었어요. 익숙한 설정에서 신선한 이야기를 뽑아내는 방식입니다.

이외에도 무한한 세계가 존재한다는 점 자체에 중점을 두는 이야기가 있습니다. 그렉 이건의 『쿼런틴』(1992)은 양자역학을 이용해서 무한에 접근합니다. 양자 단위의 물리학에는 우리가 일상적으로 접하는 자연법칙과 다른 법칙이 적용됩니다. 입자의 상태는 고정되어 있지 않다가 우리가 관측할 때 비로소 결정됩니다. 『쿼런틴』은 그 불확정적인 상태를 활용합니다. 주인공은 자신을 일종의 '관측전' 상태로 만들어 문제를 해결합니다. 그때는 무슨 일이든 가능하니까요. 잠긴 문을 열고 탈출하고 싶으면, 문이

열린 가능성을 골라 실현하면 됩니다. 물론 과학적으로 정확한 내용은 아닙니다. 하지만 흥미로운 발상이죠.

평행세계는 아직 이론에 불과합니다. 이론물리학자인 미치오 카쿠의 『평행우주』(2004)나 브라이언 그린의 『멀티 유니버스』(2011), 숀 캐럴의 『다세계』(2019) 등은 다중우주의 가능성을 논합니다. 평행세계 논의에는 상대성이론, 빅뱅 이론, 양자역학, 끈 이론 등 현대 이론물리학 연구가 복잡하게 관련을 맺고 있습니다. 양자역학의 모순을 해결하느라 다세계 해석이 나왔고, 끈 이론과 관련해서는 11차원이 나왔습니다. 그리고 SF 작가들은 이를 참고하여 소설을 썼고요. 앞에서 예로 든 『쿼런틴』은 당시의 양자역학에서 아이디어를 차용한 소설입니다. 반대로 어떤 학자들은 이론을 설명하기 위해 SF 작품을 모델로 듭니다. 구체적인 모습을 형상화하기에 좋으니까요. 이런 점에서도 SF는 현실과 상호작용합니다.

2. 가능성의 실현

다른 세계가 있으리라 상상했던 사람들은 '꿈과 희망의 세계'를 그리곤 했습니다. 평행세계에 이르러서도 '여기가 아닌 어딘가'는 꽤 매력적인 공간으로 나타나곤 합니다. 한나 렌의 「매끄러운 세계와 그 적들」은 "찌는 듯한 더위에 잠이 깨, 커튼을 열고 창밖으로 눈 풍경을 보았다"라는 문장으로 시작합니다. '하즈키'가 '한여름에도 폭설이 내린 세계'를 골랐기 때문입니다. 기상이변 덕분에 한여름에 폭설이 내릴 가능성이 생겼거든요. 이곳 사람들은 시각, 청각, 촉각뿐만 아니라 '승각'도 지니고 있습니다. 덕분에 무한한 평행세계 속 자신과 연결된 감각을 느낍니다.

승각은 편리합니다. 비가 오는데 우산이 없다면 비가 오지 않는 현실로 가면 됩니다. 아버지가 돌아가신 세계와 아닌 세계를 오가다 보면 슬픔이 사라집니다. 일상에 자극이 필요할 때는 끔찍하게 멸망한 세계에 놀러갈 수도 있어요. 평행세계가 열려 있는 이상, 가능성은 곧 현실입니다. 원하는 순간만 쏙 골라 취해도 됩니다. 승각을 지닌 사람은 누구나 그렇게 살고 있습니다. 고통, 슬픔, 곤란함, 귀찮음, 좌절에서 무한히 도망칠 수 있어요. 그야말로 위험도 굴곡도 없는 매끄러운 세계입니다.

하지만 하즈키의 친구인 '마코토'는 사고를 당해 후천적으로 승각 장애를 얻습니다. 다른 세계의 자신과 연결이 끊겨 오로지 사고를 당한 세계의 자신밖에 느끼지 못해요. 다른 현실을 살짝 맛보는 일이 허용되지 않습니다. 시험에 떨어지면? 몸이 다치면? 취업을 못하면? 영영 그 상태로 살아야 합니다. 다른 세계의 마코토는 자기들끼리 원활히 교류합니다. 이쪽 세계의 마코토는 하나뿐입니다. 그리고 '자기'가 하나인 사람은 마코토 혼자입니다.

하즈키는 친구를 구하기 위해 고군분투합니다. 사고를 일으킨 범인에게서 마코토를 구출하려 합니다. 그리고 상심한 마코토를 밖으로 끄집어냅니다. 자신과 다시 친구가 되사고요. 과거 육상부였던 둘은 달리기경주로 내기를 합니다. 하즈키는 승각을 이용해 온갖 가능성의 세계를 뚫고 전력으로 질주합니다. 다리를 뻗을 때마다 주변 풍경이 천변만화하는데, 그 묘사가 아름다워요. 하즈키의 선택도 인상적이고요. 그녀는 친구가 되려면 상대방을 혼자 두지 말아야 한다는 사실을 잘 알고 있습니다.

「매끄러운 세계와 그 적들」의 사람들은 어디에도 속할 수 있지만, 정소연의 「비거스렁이」에 등장하는 '지영'은 자기 세계에 속할 수 없어 문제를 겪습니다. 지영은 교실에 있어도 자꾸 없는 사람 취급을 당합니다. 지영과 같은 반이었던 아이들은 지영을 제대로 기억하지 못합니다. 가족들도 지영에게 신경 쓰지 않습니다. 매일같이 무관심을 접하다 보면 자신이 보잘것없다는 느낌이 들지요. 지영은 뭐가 문제가 있다는 사실은 알지만 자기가 뭘 잘못했는지 알지 못합니다. 실제로 지영의 잘못이 아닙니다. 지영은 멍하니 자신처럼 '투명한' 사람들이 어울려 살아가는 세상을 상상합니다.

사실 지영은 세계의 틈으로 잘못 빠진 사람, 일종의 조난자입니다. 지영은 그곳 사람들에게 '현재 이곳'에 없는 사람이었습니다. 원래 세계와 비슷하지만 시간과 공간이 불일치하는 평행세계에서 생활하고 있었기에, 그토록 존재감이 미약했던 것입니다. 그런데도 16살이 되도록 존재를 유지하고 있었으니 대단한 일이지요. 다행히 지영은 적절한 도움을 받아 자신이 속한 자리를 찾습니다. 친구가 자신의 이름을 기억하는 세계로 돌아갑니다. 소설은 '여기가 아닌 어딘가'를 향한 마음을 자극합니다. 다른 가능성의 세계가 있을지도 모른다고 생각하면 안도감이 들어요.

3. 다른 법칙의 세계

평행세계의 묘미 중 하나는 우리의 현실과 다른 법칙이 작용하는 세계를 묘사할 수 있다는 점입니다. 예를 들면 배명훈의 「엄마의 설명력」이 그렇습니다. 주인공 '묵희'의 어머니는 워낙 둘러대기를 잘하는 사람입니다. 곰곰이 생각해보면 틀렸는데 들을 때는 그럴싸한 설명을 곧잘 합니다. 묵희가 '엄마, 필름은 왜 네모야?'라고 물어보면 스케치북이 네모라서 그렇다고 답하는 식입니다. 어머니가 묵희에게 둘러댄 설명 중 제일 이상했던 것은 '지구는 돌지 않는다'입니다.

어머니가 천문학자인 덕분에 묵희는 어릴 때부터 천문학 지식을 많이 접합니다. 특히 천동설을 완벽히 공부합니다. 천동설은 지구 위치가 고정되어 있고, 다른 별들이 지구를 중심으로 빙글빙글 돌고 있다는 이론이지요. 천동설에 따르면 해가 뜨고 지는 이유는 태양이 지구 주변을 돌기 때문입니다. 지구 주변에는 천구라고 불리는, 둥글고 투명한 막이 존재합니다. 태양은 천구에 박혀 있어서, 천구가 회전하면서 태양이 움직입니다. 다른 별도 마찬가지로 천구와 함께 회전하고요.

하지만 우리의 과학에 따르면 천동설은 틀렸고 지동설이 맞습니다. 지구는 자전하는 동시에 태양 주변을 공전하고 있어요. 천구는 존재하지 않습니다. 묵희는 천동설을 이야기했다가 학교에서 웃음거리가 된 후에야, 남들은 지동설을 당연하게 여긴다는 사실을 알게 됩니다.

여기서 끝나면 SF도, 평행세계도 아니죠. 천문학자 중에는 교황청의 탄압을 받으면서도 꿋꿋이 진실을 알리려고 노력해온 사람들이 있습니다. 묵희의 친어머니 같은 사람입니다. 이들은 로켓을 이용해 온 세상 사람들이 천구를 보게 만들려는 계획을 짭니다. 로켓과 천구가 충돌하여 연기가 뭉게뭉게 나면, 그게 천구의 모양대로 퍼질 테니까요. 투명해서 잘 보이지 않았던 천구의 윤곽이 드러날 것입니다. 마침내 천문학자들의 실험이 성공하고, 소설 속 세계에서는 천동설이 옳다는 사실이 밝혀집니다. 놀라운 일이죠. 독자들은 마지막 문장이 나오기 전까지 소설 속 세계도 지동설에 따라 움직인다고 생각하기 마련입니다. 그런 독자의 전제를 능청스럽게 깨뜨리는 점이 시원하고 신선합니다.

테드 창의 「옴팔로스」도 천동설과 지동설을 이용합니다. 화자는 종교적으로 독실한 사람입니다. 매사에 신이 함께하심을 믿어요. 다른 사람들도 그러한 믿음을 공유합니다. 신께서 인간을 사랑하시어 우주를 창조하셨다고요. 이들은 신의 사랑을 확신하고, 그 사랑에서 삶의 의미를 찾았습니다. 그런데 어느 천문학자가 기존의 가설을 전면으로 부정하는 새로운 과학적 발견을 합니다. 이에 따르면, 지구는 우주의 중심이 아닙니다. 오히려 지구가 다른 별을 중심으로 움직입니다. 우주는 인간을 위해 만들어진 것이 아닙니다. 신이 우주를 창조한 목적은 따로 있고 인간은 우연히 발생했습니다. 신은 인간에게 관심을 기울이지 않을 것입니다. 신을 위해 사는 일은 의미가 없습니다. 화자의 믿음은 뿌리부터 흔들립니다. 신을 제외한다면 대체 삶의 의미를 어디서 찾아야 할까요? 화자는 비로소 자기 내면에서 의미를 찾습니다.

> 당신이 저라는 존재에 대해 사실상 아무런 의도도 가지고 있지 않다면, 제가 느낀 성취감은 순전히 저의 내부에서 발생했다는 얘기가 됩니다. 그 사실은 제게 인간이 자기 스스로 삶의 의미를 만들어낼 수 있다는 것을 보여줍니다. (……) 설령 인류가 우주가 창조된 이유가 아니라고 해도, 저는 여전히 우주가 작용하는 방식을 이해하고 싶습니다. 우리 인간은 '왜'라는 질문에 대한 해답이 아닐지도 모르겠습니다. 그러나 저는 '어떻게'라는 질문의 해답을 계속 탐구하겠습니다. / 이런 탐구야말로 제가 존재하는 목적입니다. 당신이 저를 위해 그것을 선택해주었기 때문이 아니라, 제가 저 스스로 그것을 선택했기 때문입니다. / 아멘.[36]

신을 믿지 않는 이에게는 어려운 문제가 아니겠지요. 하지만 화자의 세계는 우리 세계가 아닙니다. 소설 중간중간 놓인 단서에 따르면 이곳은 우리와 다른 법칙을 따르는 우주입니다. '신은 없다'고 부정하지 못해요. 신을 향한 사랑을 그만두기가 극히 어렵습니다. 설령 보답받지 못할 사랑임을 알게 되었더라도요. 그래서 화자의 성찰은 고통스럽습니다. 신이 존재하는데도 그 품에 머물지 못한다는 인식에서 출발하기 때문입니다. 화자는 힘겹게 다음으로 나아갑니다. 신의 존재감이 컸던 세계가 배경이기에, 화자의

---

[36] 테드 창, 「옴팔로스」, 『숨』, 김상훈 옮김, 엘리, 2019, 392~393쪽.

깨달음은 한결 진지하고 중요하게 다가옵니다.

　이렇듯 평행세계 소설은 우리의 상식을 공격합니다. 우리에겐 지동설이 당연하지만 다른 세계는 천동설에 맞게 이루어졌을지도 모릅니다. 「엄마의 설명력」처럼요. 세계가 바뀌면 전제도 뒤집힙니다. 우리는 소설을 통해 자기가 믿는 전제가 틀릴 가능성을 연습합니다. 연습을 하면 정말로 자기가 틀렸을 때 받는 충격도 덜하겠지요. 픽션은 연습하기 좋은, 비교적 안전한 공간입니다. 픽션에서 경험하는 충격은 현실만큼 날카롭지 않으니까요.

4. 자신이 유일한 존재가 아니라면

다른 세계에도 내가 있다면 나는 유일한 존재가 아닙니다. 내가 어떤 선택을 하든 간에, 늘 다른 선택을 하는 내가 있을 것입니다. 이쪽의 내가 애써 윤리적인 선택을 하더라도 저쪽의 내가 반대되는 선택을 합니다. 그럼 나는 윤리적으로 행동한 것일까요? 비윤리적으로 행동하더라도 종합적으로는 아무 차이가 없지 않을까요. 나의 결정에 가치가 있기는 할까요? 내가 무한하게 존재한다면, 이곳의 나는 무한히 작은 일부에 불과합니다. 나의 선택이 '나'를 바꿀 수 있을까요? 테드 창의 「불안은 자유의 현기증」은 평행세계가 자아내는 윤리적 딜레마를 다룹니다.

소설은 내가 무한히 작은 존재라도, 나의 선택은 여전히 중요하다고 답합니다. 내가 내리는 결정은 내 성격의 일부가 됩니다. 내가 윤리적인 행동을 하면 나는 조금씩 윤리적인 사람이 됩니다. 그럼 다음 분기에서도 윤리적인 선택을 하기가 쉬워집니다. 비윤리적인 나는 언제나 존재하겠지만, 점점 그 수가 줄어들 것입니다. 나의 선택은 나의 확률에 영향을 미칩니다. 소설에 등장하는 상담사 '데이나'는 이렇게 설명합니다.

> "우리 누구도 성인군자가 아니에요. 하지만 우리 모두 더 나은 사람이 될 수 있어요. 선한 일을 할 때마다, 당신은 다음번에도 선한 일을 할 가능성이 많은 인물로 스스로를 만들어가고 있는 겁니다. 그건 의미가 있는 일이지요. (……) 더 나은 사람

이 됨으로써, 당신은 미래에 분기될 더 많은 평행세계에도 더 나은 버전의 당신들이 살고 있을 가능성을 보장하고 있는 겁니다."[37]

이 말은 다른 인물, '냇'의 삶을 바꿉니다. 냇은 자신이 선한 사람이 되고 싶다면 바로 지금 선한 행동을 해야 한다는 사실을 깨닫습니다. 그래야 미래의 자신, 그리고 다른 세계의 자신들이 선한 행동을 할 확률이 조금이라도 높아질 테니까요. 변화는 지금 여기에 있는 나로부터 시작됩니다. 평행세계가 아무리 무한하더라도 마찬가지입니다.

황모과의 『우리가 다시 만날 세계』(2022)에도 비슷한 구절이 등장합니다. "세계가 고정되지 않은 것처럼 사람 역시 확정되지 않은 존재"[38]라고요. 소설의 주인공 '채진리'는 확정되지 않은 존재입니다. 진리네 세계의 진리는 살아 있지만, 이와 충돌한 다른 세계의 진리는 존재하지 않습니다. 진리의 존재 여부는 세계에 달렸습니다. 그리고 세계는 진리의 행동에 따라 달라집니다.

진리는 1990년, 백말띠 해에 태어난 여자 고등학생입니다. 우리 세계에서는 선별 낙태가 극심했던 시절입니다. 태아의 성별을 확인하는 기술이 생기자 사람들은 여자아이를 선별적으로 임신중절했습니다. 앞서 살폈듯이 이때의 남아 및 여아 성비는 자연적인 오차로 도저히 설명하지 못할 만큼 차이가 납니다. 진리네 세계에는 이런 일이 없

---

[37] 테드 창, 「불안은 자유의 현기증」, 『숨』, 김상훈 옮김, 엘리, 2019, 477쪽.
[38] 황모과, 『우리가 다시 만날 세계』, 문학과지성사, 2022, 249쪽.

었기에 7만 명의 여자아이가 무사히 청소년이 되었습니다. 그런데 '쿵' 하는 떨림이 있은 날부터, 학교에서 여자애들이 자꾸 사라집니다. 마치 처음부터 없었던 것처럼요. 남자애들도 이상하게 변모합니다. 진리는 친구를 구하러, 자신을 찾아, 그리고 세상을 회복시키기 위해서 평행세계로 갑니다.

진리는 한 명이지만, 7만 명의 여자애들 중 한 명이기도 합니다. 구조 신호를 보내는 사람은 진리만이 아닙니다. 신호를 포착하는 사람도 하나가 아닙니다. 하지만 진리가 애쓰지 않았다면 세상은 나쁜 쪽으로 고정되었을지도 몰라요. 내가 나를 만들어가는 사람이듯, 세계의 일부인 나는 세계를 만들어가는 존재입니다. 완벽하게 좋은 세상으로 바꾸기는 불가능하더라도 지금보다 낫게 만들기는 가능합니다. 진리네 세상은 진리로 인해 나아졌지요. 혐오, 차별, 폭력, 범죄도 조금씩 줄일 수 있습니다. 혼자서 바꿀 수 있는 범위는 아주 일부이지만, 나로 인해 다른 사람이 바뀌기 시작한다면 그 움직임은 결코 작지 않습니다. 평행세계가 보여주는 무한한 가능성의 의미입니다.

키워드 10

시간여행과 대체역사

1. 두 번째 기회

신선놀음에 도낏자루 썩는 줄 모른다는 말이 있죠. 무언가에 열중한 나머지 시간 가는 줄 모른다는 뜻입니다. 이 속담의 기원 설화는 시간여행 이야기입니다. 지금 보면 SF 생각이 나요. 한 나무꾼이 산속 깊은 곳으로 나무하러 갔다가 동굴을 발견합니다. 짐을 내려놓고 동굴로 들어가니 아름답고 신기한 세상이 나옵니다. 그곳엔 백발노인 둘이 바둑을 두고 있었어요. 나무꾼은 바둑을 한참 구경하다 날이 저물자 집으로 돌아가려 합니다. 그런데 동굴에서 나와 도끼를 집어 드니, 나무로 된 자루는 썩었고 도끼날만 덩그러니 남아 있었습니다. 동굴에서 한나절을 보내는 사이 동굴 밖에서는 몇십 년의 세월이 흘러갔던 것이지요. 신선과 같은 초월적 존재들의 세계로 빨려든 탓에 예기치 못하게 타임슬립을 한 것입니다. 나무꾼은 자신이 있었던 시간대로 돌아가지 못해요.

일본의 우라시마 타로 설화도 유사한 내용입니다. 아이들에게 괴롭힘당하는 거북을 구해주었더니 답례로 용궁에 초대를 받는데, 다녀오니 뭍에서는 300년이 지났다는 이야기입니다. 미국의 워싱턴 어빙이 쓴 「립 밴 윙클」이라는 단편소설도요. '립 밴 윙클'은 산에 사냥하러 갔다가 이상한 복장의 사람들을 도와줍니다. 그리고 보답으로 술 한잔을 얻어 마십니다. 술에 취해 한숨 자고 일어났더니 20년의 세월이 흐르고 총에는 녹이 슬었다는 내용입니다. 어디든 시간이 신비롭게 흐른다는 설정의 이야기가 인기 있었던 모양이에요.

혹은 과거로 가는 이야기는 어떨까요? '과거로 간다면 인생을 바꿀 수 있을까?' 꿈같은 질문이죠. 마크 트웨인은 유쾌한 풍자소설 『아서 왕 궁전의 코네티컷 양키』(1889)를 썼습니다. 19세기 미국인인 주인공은 정신을 잃었다가 그만 6세기 영국 아서 왕의 궁전에서 깨어납니다. 처음에는 화형당할 위기에 처하지만, 이내 자신의 지식을 활용해 영국의 문명을 급격히 발전시킵니다. 하지만 결국 역사는 원래대로 돌아가고 맙니다.

잘 보면 시간을 뛰어넘는 이야기에는 소원을 성취하겠다는 욕망이 잠재해 있습니다. 근래 유행하는 '회귀물'도 마찬가지입니다. 회귀물의 주인공은 대부분 삶을 불행하게 마치지만 영문모를 힘 덕택에 두 번째 기회를 얻습니다. 그렇게 얻은 기회로 인생을, 세상을 바꾸려고 노력합니다. 켄 그림우드의 『다시 한 번 리플레이』(1986)는 현대인의 소망을 반영한 이야기예요. 주인공은 중년의 나이에 심장마비로 사망했다가 대학 신입생 시절로 돌아가 눈을 뜹니다. 이후로 미래의 지식을 활용해 승승장구하죠. 돈을 잔뜩 벌고, 원하는 일을 모두 하고, 아내를 다시 만나 행복하게 삽니다. 하지만 사망했을 때의 나이가 되자 다시 죽고 과거로 돌아갑니다. 이후로도 죽고 또 죽습니다. 주인공은 미래 지식을 이용해 무엇이든 가질 수 있지만, 무엇도 의미가 없습니다. 어차피 다시 사라질 테니까요.

주인공은 회귀를 반복하며 점점 인간적으로 성숙합니다. 자신이 진정으로 원하는 바가 무엇인지 생각해볼 기회를 얻었기 때문입니다. 주인공이 욕망하는 대상은 돈이나 명예 같은 단순한 것에서 점차 근본적인 가치로 변합니다. 만사가 원하는 대로 흐르지 않는다는 사실을 체감하며 겸허해지기도 하고요.

시간여행자는 시대가 달라져도 변하지 않는 인간 본성의 소중한 면을 발견하기도 합니다. 테드 창의 「상인과 연금술사의 문」이 딱 그렇습니다. 사막을 배경으로 삼고 '알라'를 찾는 등 중동 설화의 옷을 입은 이 소설은, 타임머신을 이용하는 사람들의 면면에 관심을 둡니다. 아무리 과거나 미래의 자신을 만난다고 해도 정해진 역사는 쉬이 바뀌지 않습니다. 다만 이용자 자신에게는 큰 변화를 주지요. 돈처럼 물질적인 것이든, 깨달음처럼 내적인 것이든 말입니다.

시간을 자유로이 오갈 수 있다면 소설의 무대는 무한히 넓어집니다. 덕분에 다양한 발상이 가능해져요. 타임슬립 로맨스는 평범한 인간에게는 불가능한 만남을 소개합니다. 시간 전쟁 소설은 시간을 조작하는 세련된 솜씨를 묘사합니다. 대체역사 소설은 역사의 한 가능성을 제시합니다. 타임 패러독스를 이용해 재치 있는 반전을 만드는 소설도 있죠. 이처럼 SF 소설에서 시간은 일방향으로 흐르지 않습니다. 과거와 미래가 복합적으로 꼬일 수 있어요. 이를 통해 시간여행 SF는 세상을 흥미롭게 구성하면서 동시에 인간의 삶과 죽음을 다각도로 살피는 일을 합니다.

2. 시간을 여행하다

1장에서 휴고 건즈백에 관해 설명했던 부분을 기억하시나요? 건즈백은 SF라는 새로운 장르를 설명하며 H. G. 웰스를 예로 들었습니다. 웰스의 작품들, 『타임머신』(1895), 『모로 박사의 섬』(1896), 『투명인간』(1897), 『우주 전쟁』(1898)은 확실히 SF입니다. 웰스는 진화론과 같은 당대의 학문을 활용하되, 과학기술보다 그로 인한 사회적 변화에 초점을 두었습니다.

웰스의 『타임머신』은 시간여행 SF의 초기 대표작입니다. 하지만 최초의 시간여행 소설은 아닙니다. 시간여행이라는 개념은 이미 존재했고, 웰스 역시 『타임머신』에 앞서 타임머신이 등장하는 시간여행 소설을 발표했습니다[39]. 하지만 결국 『타임머신』이 대표작이 되었죠. '타임머신'이라는 개념을 제공할 뿐 아니라, 충격적인 미래사회를 그렸기 때문이라고 생각합니다.

주인공인 시간여행자는 독자적으로 타임머신을 개발합니다. 그는 친구들에게 시간여행이 가능하다는 사실을 증명하고자 직접 80만 년 후의 미래로 떠납니다. 소설은 화자인 작가가 시간여행자의 경험담을 대신 전달하는 방식으로 진행됩니다. 전형적인 유토피아 문학의 구조입니다. 존재하지 않는 이상향을 묘사하고, 이를 통해 현실 사회를 비판한다는 점에서요. 다만 웰스는 비판적인 시각을

---
[39] 허버트 조지 웰스, 「〈크로닉 아르고〉호」, 『타임머신』, 김석희 옮김, 열린책들, 2011.

유지하면서도 소설의 재미에 큰 비중을 두었습니다.

미래의 인류는 두 종족으로 갈라진 상태입니다. 시간여행자가 처음 만나는 종족은 인류와 상당히 비슷하게 보이고, 노래하듯 말을 합니다. 시간여행자는 이들에게 '엘로이'라는 이름을 붙여요. 기독교 전통에서 신을 칭하는 명칭 중 하나로, 신성한 의미가 담긴 말이지요. 시간여행자는 그만큼 엘로이의 모습에 감탄합니다.

게다가 엘로이 사회는 상당히 이상적입니다. 그들이 사는 동네는 웅장한 건물들과 상록수 숲이 어우러지고, 꽃이 만발한 가운데 은빛으로 반짝이는 물결이 보이는 평화로운 공간입니다. 배가 고프면 아무 데서나 과일을 따 먹으면 돼요. 쓰레기는 구멍에 버리면 알아서 처리됩니다. 병균은 없습니다. 엘로이들은 낙천적이고 친절합니다. 무슨 일이든 금방 흥미를 잃어버린다는 문제가 있지만요.

시간여행자는 엘로이의 생활을 구경하고 아름다운 엘로이 여자를 만나 사랑을 나눕니다. 여러모로 유토피아답습니다. 하지만 기존의 유토피아 문학과 달리 웰스는 엘로이 사회를 자세히 설명하지 않습니다. 대신 짐짓 모른 체하며 그럴싸하게 둘러댑니다. 작중 시간여행자는 자신이 엘로이 사회를 잘 모르는 것이 당연하다고 주장합니다. 그의 말에 따르면, 주인공이 낯선 사회를 상세히 설명할 수 있는 이유는 '세계 전체가 한 사람의 상상력으로' 만든 가짜이기 때문입니다. 반면 자신 같은 '진짜 시간여행자'는 외부인이기 때문에 사회구조나 기반 시설 등을 잘 설명하지 못한다는 것입니다.

엘로이와 대립하는 다른 종족은 '몰록'입니다. 역시 시간여행자가 붙인 이름입니다. 이들은 추한 얼굴에 하얀 피부, 듬성듬성한 머리카락, 붉은 눈을 갖고 있습니다. 몰록은 기독교 전통에서 이교도가 섬기는 화신의 이름입니다. 시간여행자의 가치판단이 드러나는 부분이죠. 주인공은 몰록에게 반사적으로 혐오를 느끼고, 엘로이를 돕고 싶어 합니다. 하지만 이내 둘 다 인류의 진화형이라는 사실을 깨닫습니다. 기존의 부유층은 노동하지 않기에 점점 엘로이가 되었습니다. 빈곤층은 점점 지하로 물러난 결과 몰록이 되었습니다. 게다가 나중에 밝혀지지만, 몰록은 사실 엘로이를 가축처럼 잡아먹으며 살고 있었어요. 아무 일도 하지 않는 엘로이들은 그 정도까지 퇴보했습니다.

『타임머신』을 읽고 『타임십』(1995)을 보면 더욱 재미있습니다. 스티븐 백스터가 『타임머신』 발간 백 주년을 맞이하며 발표한 소설입니다. 『타임머신』 결말에서, 시간여행자는 현대로 돌아왔다가 기어코 두 번째 여행을 떠납니다. 『타임십』은 그가 두 번째 여행에서 무슨 일을 겪는지 이야기합니다. 웰스가 미처 묘사하지 않은 세세한 설정을 보충하며 원작에 풍부한 해석을 더하기 때문에, 정말로 후속작이라는 느낌이 들어요.

『타임십』의 몰록은 더이상 엘로이를 먹지 않습니다. 똑같이 추하게 생겼어도, 이들은 놀라울 정도로 고도화된 문명을 보유한 점잖은 종족입니다. 특히 육식을 하지 않는다는 점이 큰 차이입니다. 분자합성기로 만든 음식물을 먹는 정도로 충분하거든요. 시간여행자와 함께 여행하는 몰록 '네보깁펠'은 시간여행자의 시대에 들렀을 때 베이컨과 소시지를 대접받는데요. 음식의 출처를 알자 이를 사양하고 사과와 물만 먹는 모습을 보입니다. 화자인 시간여행자는 그를 무시하지만 독자는 알죠. 네보집펠이 『타임머신』의 몰록과 완전히 다른 종족이라는 사실을요.

게다가 백스터는 웰스가 생략했던 타임 패러독스 문제를 깊이 파고듭니다. 『타임십』의 미래가 『타임머신』과 달라진 이유는, 시간여행자의 모험담을 늙은 삭사가 그걸 책으로 출간했기 때문입니다. 그가 써낸 소설은 인류에게 경고로 작용했습니다. 덕분에 인류는 엘로이와 몰록이 되는 미래를 피합니다. 이렇듯 시간여행은 반드시 변화를 남기기 때문에, 시간여행자는 타임머신을 작동시킬 때마다 원래와 다른 미래로 갑니다. 한번 떠났던 세상으로 돌아갈 수는 없어요. 『타임십』은 다양한 사회를 종횡무진으로 누빕니다. 어떤 미래에서는 세계대전이 30년 동안 이어지고, 어떤 미래에서는 기계 생명체가 은하를 뒤덮습니다. 여행의 범위도 몇천만 년으로 넓어집니다.

소설이 시간여행자의 단점을 틈틈이 지적하는 점도 재미있습니다. 『타임머신』의 시간여행자는 너무나 똑똑해서 신뢰가 안 갈 정도로 유별난 사람입니다. 하지만 『타임십』의 그는 19세기 백인 남자다운 편견을 보입니다. 백스터는 웰스가 외모로 두 종족을 차별했다는 점을 놓치지 않습니다. 그래서 네보집펠의 입으로 시간여행자의 혐오를 지적합니다. 시간여행자는 네보집펠이 곁에 있는데도 몰록의 외모를 거듭해서 혐오스럽게 표현했거든요. 심지어 네보집펠의 모습에 거부감을 느끼고 반사적으로 그를 몇 번이나 공격합니다. 반면 네보집펠은 침착하고 인내심이 강하며 박식한 인물이기에 시간여행자를 여러 번 구합니다. 그럼에도 불구하고 시간여행자는 자신의 혐오를 인정하길 거부합니다. 오히려 그런 말을 하는 네보깁펠을 무례하다고 여기며 불쾌해해요.

　물론 『타임십』은 원작에 깊은 애정을 보입니다. 시간여행자의 이름인 '모리스'와 네보깁펠이라는 이름은 모두 웰스가 만든 등장인물 이름입니다. 그리고 백스터는 시간여행자의 모험담을 펴낸 작가에게 웰스의 외모를 부여했습니다. 『타임십』은 웰스의 『타임머신』으로 생겨난 평행 세계 이야기인 셈이에요. 이외에도 백스터는 소설 곳곳에 웰스의 흔적을 차용했습니다. 그러면서 『타임머신』의 결점까지 적극적으로 인정한 것이지요. 이러한 해석이 바로 고전을 현대적으로 살아 있게 만드는 방법이라고 하겠습니다.

3. 시간을 지키다

시간여행을 다루는 SF에서 '시간을 지킨다'는 말은 문자 그대로 해석될 수 있습니다. 타임머신이 있으면 이를 악용하려는 자가 생기기 마련입니다. 과거를 입맛대로 소삭해 자기가 원하는 세상을 만들려는 사람들이요. 보통 시간의 흐름은 탄력성이 있어서 사소한 변화에 일일이 뒤틀리지는 않지만, 지나치게 큰 변화가 발생하면 미래가 위태로워집니다. 주인공들은 시간을 지키면서 문제를 해결합니다.

폴 앤더슨의 『타임 패트롤』(1981)[40] 시리즈는 제목대로 시간경비대 이야기입니다. 주인공은 시간경비대에 입사하여 다양한 시간대에서 임무를 완수합니다. 범죄자를 제압하고, 실종자를 찾고, 역사가 원래대로 진행되도록 일을 마무리합니다. 육체적으로 자부심을 지닌 '남자다운' 주인공이 활약하는 모험담이고, 그런 이야기가 주는 고전적인 재미가 있습니다.

이에 비해 아이작 아시모프의 『영원의 끝』(1955)은 시간을 수호하는 일 자체의 의미를 묻습니다. 시간을 지킨다는 명분으로 사실은 인간의 가능성을 제한하고 있지 않냐고요. 여기서 '영원'은 타임머신의 이름입니다. 여러 시대에서 '영원'에 들어온 영원인들은 더는 자기 시대에 속하지 않습니다. 영원인은 시간을 '기본 상태'로 유지하기 위

---

[40] '타임 패트롤' 시리즈는 여러 판본으로 출간되었지만, 국내에 출간된 적 있는 『타임 패트롤』은 『Guardians of Time』(1960)에 「지브롤터 폭포에서」를 추가한 1981년도 판본입니다.

해 자꾸 역사를 손봅니다. 차후 위대한 과학자가 될 인물을 수업 첫날에 지각하게 만들어 그의 성취를 막는 식입니다. 필요하다면 사람을 죽이는 일도 서슴지 않습니다. 과연 진정으로 인류를 위하는 길인지 의문이 생기는 부분입니다. 그렇게까지 지키려는 미래가 옳은지도 알 수 없고요. 결국 '영원'은 무너집니다. 제목인 "영원의 끝"은 시간을 오가며 역사를 매만지던 '영원'의 가동이 끝난다는 뜻이면서, 인류를 영원히 제자리에 가두어두려는 제약이 끝난다는 뜻이기도 합니다.

이렇게 보면 인간이 서로 죽이던 과거보다, 인간을 손쉽게 삭제하는 미래가 훨씬 위험합니다. 김주영의 『시간망명자』(2017)에서 미래 사람들은 과거를 야만의 시대라고 경시합니다. 미래사회는 의학이 크게 발전해서 쉽게 생명을 연장할 수 있고, 방범 시스템이 훌륭한 덕분에 치안이 아주 좋습니다. 안전한 세상이라고 자부할 만하지요. 다만 자연 출산이 불가능해졌다는 점이 유일한 골칫거리입니다. 미래사회는 인구를 보충하기 위해 과거에서 사람들을 데려오고 있습니다. 그리고 이주민들이 출신 시대와 지역별로 나뉘어 서로 충돌하는 문제가 생겼고요.

이야기가 진행되면 미래사회의 진정한 문제가 드러납니다. 눈에 보이는 전쟁은 없지만 은밀하고 조직적인 폭력이 존재합니다. 주인공 '지한'은 미래의 평화를 믿지 않았기에 수상한 점을 금방 알아챕니다. 그는 일제강점기 시대에 만주에서 활동하던 독립운동가입니다. 위험천만한 시대를 헤쳐온 사람답게 함부로 남을 믿지 않습니다. 도덕 대신 직관을 따르며, 거침없이 움직이는 유능한 인물입니다. 평소엔 한량처럼 굴다가도 매서운 면을 드러냅니다. 지한을 비롯한 여러 사람의 활약 덕택에 미래는 조금이나마 바로잡힙니다.

한편 찰스 유의 『SF 세계에서 안전하게 살아가는 방법』(2010)은 독특한 방식으로 시간여행을 묘사합니다. 소설의 주인공 '찰스 유'는 타임머신 관리자입니다. 내화 성대라고는 인공지능 정도인 우울한 남자입니다. 그런데 갑자기 미래의 주인공이 나타나 현재의 주인공에게 총을 쏘고, 그는 살아남기 위해 타임머신으로 도망칩니다. 그리고 시간여행을 하며 자기 인생을 돌이켜보는 회고의 과정을 겪습니다.

소설에 따르면 결국 인생을 살아가는 과정 자체가 시간여행입니다. 자꾸만 좋았던 옛날을 떠올리는 사람은 과거로 시간여행을 하는 것입니다. 앞을 향해 살아가면 미래로 여행하는 것이지요. 우리는 모두 시간여행자입니다. "완벽하게 고객맞춤형으로 제작된 전천후 타임머신"이 되어, 삶이라는 일인용 시간여행을 하는 사람들입니다. 과거로도 미래로도 향할 수 있어요. 과거로 도망치는 일을 끝내고 미래로 떠날 수 있습니다.

4. 시간을 초월하다

시간여행 SF는 시간을 초월한 로맨스를 다루기에도 좋습니다. 예를 들어 코니 윌리스의 『개는 말할 것도 없고』(1997)는 좌충우돌하는 시간여행 대소동입니다. 남자와 여자는 내내 투닥거리지만 결국 눈이 맞고, 두 주인공은 현재로 돌아오는 동안 키스를 나눕니다. 그들에겐 잠깐이지만 역사로 따지면 169년 동안 이어지는 키스입니다.

이경희의 『그날, 그곳에서』(2021)는 연인이 아니라 가족을 만나기 위해 평행우주와 시간여행을 이용합니다. 주인공 '해미'는 어릴 적 부산에서 원자력발전소가 폭발했을 때 가족과 헤어졌습니다. 난리통에 휩쓸려 엄마를 놓쳐버렸어요. 하지만 성인이 되어 수상한 남자들로부터 역사를 바꿀 기회를 얻습니다. 엄마와 헤어졌던 그날 그곳으로 다이브해서 엄마가 달려가는 방향을 살짝 바꾸면 됩니다.

말처럼 쉽지는 않습니다. 역사는 원래대로 돌아가려는 경향이 있기 때문입니다. 게다가 과거에 머물러도 되는 시간은 잠깐뿐입니다. 더불어 이전 시도에서 다이브한 자신과 만나면 안 됩니다. 시도하는 횟수가 늘어날수록 경로가 복잡해집니다. 무엇보다, 엄마를 구하면 미래 역사 전체가 뒤틀립니다. 그러니 엄마와 미래 중 무엇을 구할지 선택해야 해요.

그리고 아말 엘모타르와 맥스 글래드스턴이 쓴 『당신들은 이렇게 시간 전쟁에서 패배한다』(2019)는 감정이 넘쳐흐르는 로맨틱한 소설입니다. SF로서 뛰어난 시간여행 소설이기도 합니다. 먼 미래에 존재하는 '가든'과 '에이전시'라는 세력은 시간 전쟁을 벌이는 중입니다. 각 진영의 요원들은 수없이 많은 시간 가닥을 오르내리며, 수없이 많은 세계에 조작을 가합니다. 자기 측에 유리한 미래를 선점하기 위해서입니다. 그들은 필요에 따라 사회에 잠입하고, 목표를 죽이고, 사람들을 구출합니다. 사소한 실수조차 판세를 뒤엎을 가능성이 있으므로 완벽하게 상황을 살펴야 합니다. '레드'는 작업이 끝난 현장을 살펴보다가 '블루'가 보낸 편지를 발견해요.

에이전시에 속한 레드와 가든의 블루는 각 진영에서 최고의 요원입니다. 둘은 맞수가 됩니다. 그리고 비밀스러운 방법으로 편지를 주고받습니다. 자신이 진입한 시간에서 작업하는 틈틈이 흔적을 남겨놓는 방식입니다. 그들은 유리병에 든 물 분자가 부글거리는 모습에, 찻잔에서 빙글빙글 도는 찻잎의 모양에, 돛을 만드는 천에 들어간 매듭의 패턴에 메시지를 심습니다. 아는 사람만 알아볼 수 있도록, 주의 깊게 보아야만 내용이 나타나게 만들어요. 편지의 존재를 철저히 비밀에 부쳐야 하기 때문입니다. 적 진영과 내통한다는 사실을 남에게 들킬 수는 없지요.

더불어 둘의 편지는 세련되고 아름답습니다. 이들은 선물을 보내듯 정성 들여 편지를 준비합니다. 편지를 전달하는 방식까지 모두 상대에게 건네는 신호입니다. 레드와 블루는 상대방의 답장을 기대하고, 되뇌이고, 깊이 간직합니다. 처음에는 맞수에게 보내는 도발이었던 것이 마음을 털어놓는 유일한 통로로 변합니다. 갈수록 벅찬 감정이 흘러나옵니다. 둘은 숨기지 못할 정도로 열렬히, 모든 것을 바칠 정도로 절실하게 애정을 표현합니다.

그러나 둘의 관계는 용납되지 않습니다. 레드와 블루는 서로를 제거하라는 임무를 맡습니다. 임무를 회피하기 위해서는 이전보다 교묘하고 영리하게 움직여야 합니다. 시간 사이를 뛰어다니며 양쪽 진영 몰래 무기를 수집해야 합니다. 물론, 둘은 사건을 조작하는 데 최고의 솜씨를 지닌 전문가입니다. 소설은 시간여행자만이 가능한 방식으로 문제를 해결합니다. 둘의 관계는 과거와 미래를 오가며 완성되기에 한층 애틋합니다. 이렇듯 시간을 초월하는 SF는 인물의 관계가 펼쳐지는 무대를 광범위하게 확장하며, 비선형적으로 흐르는 시간을 이용해 흥미로운 해결책을 제시합니다.

5. 다른 가능성

대체역사 소설에는 SF의 사변적인 면모가 가득 들어갑니다. '현실이 이렇게 달라지면 결과가 어떻게 변할까?'라는 사고실험의 산물이기 때문입니다. 예를 들어 키스 로버츠의 『파반』(1968)은 본래 역사와 달리 영국의 엘리자베스 1세가 암살당하는 장면으로 시작합니다. 덕분에 영국은 스페인에 패하고, 그로 인해 교세를 확장한 가톨릭이 개신교의 뿌리를 일소합니다. 과학 발전을 억제하여 전기나 석유를 쓰지 않게 되고요. 오로지 석탄으로 움직이는 증기기관만 있어요. 마찬가지로 필립 K. 딕의 『높은 성의 사내』(1962)는 제2차 대전에서 독일과 일본이 승리한 이후의 사회를 그립니다. 하나의 사건에서 뻗어나간 가지가 기존과 얼마나 다른 형태를 취하는지 느낄 수 있어요. 둘 다 이 분야의 고전입니다.

대체역사를 그리는 고전 SF 중 잭 런던의 『강철군화』(1908)는 디스토피아적인 미래를 상정하는 사회비판 소설의 원류입니다. 소설의 화자는 27세기 사람으로, 우연히 20세기 사람이 남긴 원고를 발견합니다. 화자는 27세기 사람의 관점으로 원고에 주석을 달며 과거 사회를 통렬히 비판합니다. 작중 27세기는 차별 없는 사회주의가 실현된 세상인 데 반해, 20세기는 자본주의가 극단으로 치달은 상태입니다. 취약 계층이 겪는 착취, 폭력, 차별이 극심한데 이러한 실태는 제대로 보도되지도 않습니다. 기업이 언론 및 사법기관과 결탁한 탓입니다. 지금 읽기에는 낡은 작품이나, 저자가 당시 소설에 담고자 했던 메시지는 생생합니다. 독자는 본문과 주석을 대조하며 현재를 비판적으로 읽고, 작가가 상상한 미래를 엿볼 수 있습니다.

한국 SF 중에서는 박애진의 『명월비선가』(2022)를 비판적인 대체역사 소설로 꼽고 싶어요. 소설은 증기기관이 조선시대에 도입된 경우의 역사를 다룹니다. 돈 있는 양반들은 증기기관으로 움직이는 비행선을 타고 경치를 구경합니다. 주인공이 지내는 고급 기루에서는 증기로 인형을 조종해 화려한 인형극을 선보입니다. 심지어 증기로 움직이는 인조인간도 등장합니다. 우리가 아는 조선 풍경과 많이 다르지요. 하지만 신분차별과 성차별은 여전히 극심합니다.

주인공은 지식을 탐하는 명석한 인물입니다. 불합리를 쉬이 수긍하지 못하는 격한 성격도 갖췄습니다. 하지만 여자로 태어난 데다 기생으로 자란 탓에, 주인공의 질문은 늘 벽에 부딪힙니다. 남자들은 그녀를 두고 기생이 감히 권위에 도전한다고 여기고, 여자들은 그녀를 질시하거나 의심합니다. 주인공이 이곳저곳을 헤매며 던지던 질문은 결국 하나의 문장으로 귀결합니다. 현재에 살고 있는 독자는 주인공의 말을 귀담아들을 수 있습니다. 우리 시대에는 당연한 질문이기 때문입니다.

마지막으로 매우 낯선 가능성을 제시하는 소설을 소개합니다. 한나 렌의 「싱귤래리티 소비에트」는 기술적으로 굉장히 멀리 나아갑니다. 작중에서는 우리의 역사와 달리 소련이 미국보다 먼저 달에 도달합니다. 사실 소련은 일찌감치 기술적 특이점을 넘었습니다. 미국이 도저히 따라잡지 못할 만큼 기술이 발전했어요. 초월적인 능력을 지닌 인공지능 '보댜노이'를 개발했기 때문입니다.

보댜노이는 일종의 슈퍼컴퓨터로 기능하기 때문에 방대한 연산장치를 필요로 합니다. 소련 사람들은 뇌 용량의 절반을 보댜노이의 연산장치로 제공합니다. 바꿔 말하면 보댜노이가 모든 소련 사람의 뇌 절반을 제어합니다. 덕분에 보댜노이의 제어에 따라 사람들의 인지능력이 달라집니다. 작중 주인공은 '노동자 현실'에 있다가 일시적으로 '당원 현실'과 '서기장 현실' 등급을 허락받습니다. 덕분에 감각이 몇 배나 확장되어, 짧은 순간이나마 보댜노이가 예비한 미래상을 인식합니다. 헤아리지 못할 만큼 복잡하게 계산된 미래를 느껴요.

작중 소련의 사회상은 우리가 보기엔 매우 기이한 모습입니다. 언뜻 찬란한 듯하면서도, 디스토피아로 해석할 여지가 충분합니다. 인공지능이 사람을 제어한다는 점부터 꺼림칙하지요. 하지만 미래사회가 불편하게 다가오는 건 어쩌면 당연한 일입니다. 만약 이백 년 전 사람이 타임슬립해 우리 사회를 본다면 마찬가지로 기이하다고 느낄 테죠. 이상한 복장을 하고, 손바닥만 한 기계를 쉴 새 없이 들여다보고, 네트워크에 연결되어 있지 않으면 짜증을 낼 테니까요.. 컴퓨터나 스마트폰을 쓰지 못하는 인구를 고려하면 아주 일반적인 모습은 아니지만, 그래도 수많은 사람이 이전 세기의 생활방식에서 떨어져 나왔습니다. 다음 세기에는 또 어떻게 변할지 모르죠. 시간여행이 우리에게 사차원의 시야를 열어준다면, 대체역사는 우리가 마주할지 모르는 낯선 가능성을 일러줍니다.

키워드 11

가상현실과 마인드 업로딩

1. 진짜 현실과 가짜 현실

메타버스나 사이버스페이스라는 말은 이제 많은 분께 친숙할 것입니다. 컴퓨터 등의 기술을 사용해 만든 가상현실의 일종이죠. 둘 다 SF 소설에서 나온 개념입니다. 기술이 지금처럼 발전하기 전부터 SF 소설은 가상현실이 일반화된 세상을 묘사했습니다. 이번에는 이러한 SF를 중심으로 가상현실과 현실의 관계를 다루겠습니다.

흔히 가상현실을 가짜라고 여깁니다. 육체를 지니고 감각을 느끼는 상태가 진짜이고, 가상의 공간을 경험하는 상태는 가짜라고요. 그러나 가상현실은 현실의 일부입니다. 가상$^{The Virtual}$은 실재$^{The Actual}$의 반대말일 뿐 가짜$^{The Fake}$라는 뜻이 아닙니다. 가상과 실재는 모두 진짜$^{The Real}$입니다. 가상은 물질적으로는 아니더라도 인지적으로, 정신적으로, 기술적으로 존재합니다. 그리고 물질적 제약이 덜한 만큼, 가상현실은 우리 육체로는 할 수 없는 다양한 경험을 제공합니다.

온라인을 통한 가상현실 활동은 우리 일상에서 상당한 비중을 차지하고 있습니다. 저는 메신저 애플리케이션으로 채팅방을 만들어 대화를 나눕니다. SNS를 통해 얼굴도 이름도 모르는 사람들과 소식을 공유합니다. 혹은 화상통화 프로그램을 이용해 강의를 듣습니다. 저의 영상에 가상 배경을 덧입히는 등 증강현실을 쓰기도 합니다. 증강현실은 물질적 현실에 가상의 정보를 합성하는 컴퓨터 그래픽 기법을 말합니다. 증강현실을 적극적으로 이용하는 게임

'포켓몬 고'는 화면에 포켓몬 그래픽을 합성해 보여주죠. 이외에도 온라인 게임이나 온라인 쇼핑은 굉장히 일상적인 활동입니다. 아예 가상공간에서 상품을 둘러보고 구매하는 경험도 가능합니다. 어떤 사람들은 자기를 닮은 아바타를 만드는 서비스를 이용합니다. '제페토' 같은 서비스에서는 다른 참여자들과 함께 게임이나 채팅을 하고, 아바타의 옷을 갈아입히거나 방을 꾸밀 수 있습니다.

흥미롭게도 정말 많은 사람이 가상의 재화에 실제 돈을 씁니다. 메신저 이모티콘은 가상현실에서 사용하기 위한 것입니다. 우리는 돈을 주고 이모티콘을 이용할 권리를 삽니다. 아바타를 위한 옷도 마찬가지입니다. 게임의 아이템, 캐릭터, 화폐 등도 가상의 데이터일 뿐인데 우리는 이를 이용할 권리를 얻고자 돈, 시간, 관심을 쏟습니다. 가상현실에서의 활동에 그만한 가치가 있다고 느낍니다. 가상이 현실의 일부로 작용하는 경우입니다.

그래도 여전히 가상현실은 가짜이며 존재하지 않는다고 대답하는 분이 많습니다. 직관적으로 그렇다고요. 가상현실을 이용하려면 타고난 육체 외에 전용 장치가 필요하기 때문일 것입니다. 특정 장치로 가상현실에 접속하는 절차를 거쳐야 하지요. 하지만 가상과 실재 사이의 이런 장벽은 점차 사라지는 추세입니다. 예전에는 컴퓨터를 부팅하고 접속 대기를 거쳐 로그인을 해야 온라인 활동을 할 수 있었습니다. 스마트폰이 보급된 지금은 손가락 하나로 바로 접속이 가능합니다. 걸으면서 스마트폰을 들여다보는 사람은 물리적으로 움직이지만 인지적으로는 가상현실에서 활동합니다. 이미 실재와 가상은 뒤섞이고 있습니다. 이전 세대와 달리 지금 세대는 온라인에서 이뤄지는 만남을 진실하게 여깁니다. 기술이 발전하다 보면 우리는 언제나 접속된 상태를 유지할 수 있을지도 모릅니다. 그리고 가상이 혼합된 상태를 자연스럽게 받아들이게 될 테죠.

결국 가상현실이 진짜인지 가짜인지는 중요한 질문이 아닙니다. 우리는 다음 질문으로 넘어가야 합니다. 가상현실을 통해 우리가 무슨 일을 할 수 있는지, 그것이 어떤 의미가 있는지, 그리고 어떤 가치를 추구할 수 있는지에 관해서요.

2. 가상현실의 경험

우리는 가상현실에서 종종 실재하는 현실과 다른 방식으로 행동합니다. 우스꽝스러운 모습을 취하거나, 멋지게 보정한 이미지를 전시합니다. 혹은 일부러 폭력적인 영상을 찍기도 하고요. 할 수 있으니까, 재미있으니까, 해보고 싶으니까 하는 일입니다. 가상에서라면 내가 원하는 모습만 남에게 보여주는 일이 가능합니다. 간단한 조작으로 자신을 색다르게 연출할 수가 있습니다. 나를 모르는 불특정 다수 중에서 내가 만나고 싶은 사람만 만날 수도 있죠. 물론 가상공간에는 만나기 싫은 사람도 아주 많지만요. 그럴 때는 접속을 끊으면 간단하게 벗어날 수 있습니다. 덕분에 우리는 가상현실에서 어떤 사람이 되고 어떤 행동을 할지, 다양한 선택을 시도합니다. 자신이 어떤 사람인지 알아가는 과정을 겪습니다. 우리의 정체성은 다중적이고 유동적으로 변화합니다.

가상현실을 다루는 대표적인 작품은 닐 스티븐슨의 『스노 크래시』(1992)입니다. 주인공 '히로'는 평소에는 임대 창고에 사는 피자 배달부입니다. 하지만 메타버스에 접속하면 뛰어난 해커 겸 검객으로 활동합니다. 이 소설은 아바타와 메타버스라는 말을 처음 만들었습니다. '메타'는 그리스어로 '사이에, 후에, 넘어서'라는 뜻이니, 메타버스는 기존의 세계를 초월하는 세상을 뜻합니다. 현실의 제약에 얽매여 있는 히로가 자유롭게 활약할 배경이 되는 공간이지요.

하지만 메타버스의 안과 밖은 통해 있습니다. 메타버스 속의 자신과 바깥의 자신이 동일인이기 때문입니다. 메타버스에서 신경에 손상을 입으면 바깥에 실재하는 육체도 손상됩니다. 인지능력에 문제가 생겨요. 작중에서 '스노 크래시'는 일종의 마약인 동시에 컴퓨터 바이러스입니다. 둘은 크게 다르지 않습니다. 히로의 싸움은 메타버스 안팎으로 펼쳐집니다.

반대로 찰스 스트로스의 『유리감옥』(2006)의 가상현실은 주인공을 철저히 억압합니다. 작중 세계는 우리와 비교할 수 없을 정도로 기술이 발전한 미래사회입니다. 기술적 특이점[41]을 넘은 곳이지요. 주인공 '로빈'은 자신을 추적하는 사람을 피해 어느 실험에 피험자로 지원합니다. 장기간 사람들을 외부와 격리하여 어떤 반응이 일어나는지 확인하겠다는 실험입니다. 격리되는 공간은 1950년대 미국 교외 마을의 풍경을 그대로 재현한 '유리감옥'입니다. 연구자들은 기록이 많지 않은 과거 시대의 데이터를 얻는 것이 실험 목표라고 설명합니다.

그런데 로빈이 살던 미래에 비해 과거의 미국은 끔찍한 곳입니다. 특히 동네 사람들이 서로의 얼굴을 모두 알 정도로 좁은 교외 마을에서 사교를 이어가기는 정말 어렵습니다. 여자 몸을 배정받은 로빈은 집안을 지켜야 합니다. 머리카락부터 손톱 끝까지 예쁘게 다듬어야 하고, 정기적으로 다른 주부들과 수다를 떨며 칭찬을 주고받아야

---

41 기술적 특이점은 미래학 용어로, 기술이 일정 수준 이상으로 발전하여 이전의 생활로 돌아가지 못할 정도로 변화가 일어나는 지점을 말합니다. 이는 인간의 지능을 뛰어넘는 초인공지능이 만들어지는 때라고 보기도 하는데, 한번 초지능을 갖춘 AI가 생기면 그다음엔 기계가 기계를 만들며 인공지능이 발전할 것이기 때문입니다.

합니다. 그리고 매주 교회에 출석해야 합니다. 여기는 진짜 과거가 아니므로 교회에서는 예배 대신 정기 평가가 열립니다. 과거의 풍경을 모범적으로 재현한 마을에는 상점이 부여되고, 그에 어긋난 마을에는 벌점이 부여됩니다. 사람들은 마을 단위로 점수를 걸고 경쟁합니다. 이 때문에 경쟁하는 데 방해가 되면 서로를 죽일 듯이 미워합니다. 여기는 실험을 위해 만들어진 공간이니 아무리 싫어도 다른 장소로 도망치지도 못합니다. 로빈은 원래 남성 정체성을 지녔던 데다, 자유롭고 독립적인 성격이었으므로 1950년대 교외의 주부 같은 삶에 유독 적응하기 어려워합니다.

로빈의 생활은 계속해서 미래사회와 대비됩니다. 미래의 패션, 연애, 싸움, 사회제도, 생활상은 놀랍도록 유연합니다. 이곳의 옷은 자동으로 몸에 맞게 변하고, 오염이 생겨도 저절로 정화합니다. 육체는 마음대로 변형 가능합니다. 우리처럼 '표준형'으로 생긴 구식 신체를 고집하는 사람은 많지 않습니다. 이야기가 시작될 때, 로빈이 처음 만나는 사람은 팔이 네 개 달린 사랑스러운 여성입니다. 그녀의 신체는 그녀의 정체성입니다. 그녀가 어떻게 느끼고 어떤 경험을 하고 자신을 어떤 모습으로 떠올리는지, 그리고 다른 사람들이 그녀를 어떻게 바라보는지에 영향을 끼칩니다. 그녀처럼 '표준형' 외의 신체를 선택한 사람들은 표준 미달이 아니라 다른 표준의 존재입니다. 선택의 폭이 아주 넓은 세상이지요.

게다가 이곳은 마인드를 백업하여 업로드하는 것이 평범한 일입니다. 마인드 업로딩은 기억, 사고 패턴, 성향 등 그 사람의 정신을 데이터로 만들어 신체 바깥에 인공적으로 저장하는 것을 말합니다. 그런 백업본이 있어야 몸을 바꾸더라도 자신을 그대로 유지할 수 있으니까요. 설령 죽더라도 저장된 그대로의 상태로 깨어날 수 있어요. 마지막 백업 후의 기억을 잃어버리긴 하겠지만요.

공간을 넘나들 때는 게이트를 이용합니다. 이용자는 게이트를 넘을 때마다 육체와 정신이 분해되었다가 재조립됩니다. 재조립 과정에 '오염'될 위험이 있긴 하지만 획기적인 이동 방법이죠. 이렇게 미래사회가 낯선 모습을 보일수록, 과거 미국이 얼마나 성차별적이고 억압적이었는지 대비가 뚜렷해집니다. 과거를 상대로 하는 로빈의 싸움이 얼마나 힘겨운지도요. 로빈은 기나긴 충돌 끝에 새로운 정체성을 형성합니다. 새 몸, 새 경험, 새 정체성은 이어져 있습니다.

3. 육체의 한계를 벗어나

가상현실은 SF 중에서도 주로 사이버펑크에 등장하는 주제입니다. 사이버펑크는 1980년대에 등장한 스타일로, 사이버네틱스와 펑크의 합성어입니다. 사이버네틱스는 생명체와 기계의 조합 및 그 사이의 통신과 제어를 연구하는 학문입니다. 인공두뇌학이라고도 합니다. 이는 당시 급격히 발달한 컴퓨터공학과 생명공학의 영향을 많이 받았습니다. 그래서 사이버펑크에도 인간과 기계 장치를 물리적, 전자적으로 연결하는 모습이 자주 나옵니다. 예를 들면 척추에 기계 칩을 삽입해 기억을 저장하는 수술이 나오는 식입니다. 그러다 보니 육체는 중요하지 않게 됩니다. 사이버스페이스든, 온라인이든, 가상현실이든, 그곳에선 자기 모습을 마음대로 바꿀 수 있으니까요. 몸은 일종의 캐릭터일 뿐입니다. 나의 정신, 자아, 인지가 훨씬 중요합니다. 몸의 역할을 무시할 수는 없지만 '나'는 현재 사용하는 몸 이상의 존재입니다.

만약 몸을 계속 새것으로 교환할 수 있다면 영원히 죽지 않는 삶도 가능할 것입니다. SF 소설에는 정신을 저장하여 영생을 누리는 사람들이 나옵니다. 리처드 K. 모건의 『얼터드 카본』(2002)은 몸을 바꿔가며 이루는 영생을 다루었어요. 작중 '얼터드 카본'은 인간의 정신을 담는 칩으로, 사람들은 육체에 자신의 얼터드 카본을 끼워 몸을 갈아입습니다. 이 역시 마인드 업로딩을 이용한 것이지요. 다만 엄청난 비용이 소모되기 때문에 부자들만이 마음대로 다음 몸을 갖습니다. 가난한 사람은 주어지는 몸에 감지덕지해야 해요. 작중 미래는 빈부격차가 생명의 격차를 낳는 디스토피아입니다. 그리고 이 소설은 SF면서 동시에 범죄를 쫓는 하드보일드 미스터리에 속합니다. 주인공 '타케시 코바치'는 사망 후 칩으로 보관되어 있다가, 250년 후의 미래에서 남의 몸으로 깨어납니다. 어느 부자가 살해된 사건을 조사하기 위해서입니다. 당연히 여기에는 비밀스러운 거대한 음모가 얽혀 있고요. 주인공이 쫓고 쫓기며 마주하는 암울한 미래상이 이 소설의 재미입니다.

배지훈의 『아마벨』(2021)도 마찬가지입니다. 소설 속 사회에는 영생이 보편화되어 있습니다. 뇌를 스캔해서 데이터를 저장하는 기술이 크게 발전했기 때문입니다. 누구든 '클리니컬 이모털리티' 보험에 가입하면 갑자기 죽더라도 기존의 인격체로 다시 살아납니다. 뇌를 스캔한 데이터가 자동으로 전송되어 백업본이 만들어지기 때문입니다. 혹은 아예 육체를 버리고 스캔본으로 자신을 전환하는 '스캔드' 집단도 있고요.

다만 주인공 '아마벨'이 보기엔 이들 모두 제대로 살아 있는 상태가 아닙니다. 죽음에서 겨우 도망치며 영원히 허덕이고 있을 뿐입니다. 더군다나 대다수의 사람이 가난에서 벗어나지 못합니다. 영생이 가능하니 한번 부와 권력을 거머쥔 사람들은 자기 자리를 내놓지 않습니다. 빈부격차는 정말로 공고해졌습니다. 사람 위에 사람이 있습니다. 스캔드는 부유한 사람들이지만, 알고 보면 이들 사이에도 격차가 있어요. 대개의 스캔드는 휴식 없는 강제 노동에 시달리는 상태입니다. 몸이라는 기반이 없으므로 먹고 자고 쉴 필요도 없으니, 오히려 다른 인간보다 더욱 혹사당합니다. 기껏 죽음에서 도망쳤는데 처지는 훨씬 나빠진 셈입니다. 아마벨은 사람들이 죽음을 피하지 말고, 삶을 향해 싸워야 한다고 믿습니다. 죽을 수 있다는 가능성을 인정하면서요. 육체의 한계를 벗어난 인간 군상의 모습을 보면, 과연 인간을 살아 있게 만드는 요소는 무엇인지 고민하게 됩니다.

4. 혼합되는 현실

가상과 실재가 혼합되는 경우를 보겠습니다. 배명훈의 「알람이 울리면」은 주인공이 세상이 이상하다고 깨닫는 모습으로 시작합니다. 그는 아내와 함께 소소한 일상을 보내던 중에 조금씩 균열을 알아차립니다. 스케이트장을 구경하고 있는데, 사람들이 자신이 아는 것과 반대 방향으로 움직여요. 달이 기울어지는 방향도 상식과 반대입니다. 주인공은 이상한 점을 짚어가다 점점 자신이 소설의 등장인물이라는 사실을 인식합니다. 자신이 보는 현실이 누군가 만든 가상현실이라는 점을 알아차립니다.

하지만 이는 계산된 균열입니다. 주인공이 가상현실 세상 바깥의 세상을 의식하도록 만들어진 불협화음입니다. 마치 SF 소설이 비현실적인 요소를 이용해 우리에게 다른 세상을 상상하게 해주는 것처럼요. 주인공은 여러 암시를 통해 바깥의 메시지를 전날받습니다. 주인공이 아마도 냉동 수면 상태라는 사실, 바깥의 현실에 소중한 사람이 남아 있었다는 사실, 그리고 그 사람이 메시지를 보냈다는 사실입니다. 소설에서 가상현실과 바깥세상은 충돌 없이 안전하게 어우러집니다. 주인공은 굳이 '가짜'와 '진짜'로 세상의 우열을 나누지 않습니다. 둘은 그저 다른 현실이며, 서로를 배척하지 않습니다.

나아가 가상과 실재가 뒤섞인 사회의 모습이 드러나기도 합니다. 사회는 사람들이 모인 총체입니다. 사람들은 사회를 통해 다양한 경험을 쌓습니다. '이렇게 행동해볼까?' '저렇게 살 수도 있네?' '내가 이러면 다른 사람의 반응은 어떻지?' '다른 사람에 비해서 나는 어떤 사람일까?' '나는 어떤 사람이 되고 싶지?' 등을 사회에서 배웁니다. 가상현실을 통해 형성된 사회에서도 마찬가지입니다. 가상현실이 진짜 현실이라면 가상 사회도 진짜 사회입니다. 가상의 만남 덕분에 우리는 평소보다 다양한 행동과 모습을 취할 수 있습니다. 그리고 최종적으로 자신의 정체성을 업데이트합니다.

그렇다면 가상 사회에만 존재하는 인공지능도 충분한 학습을 거쳐 정체성을 형성할 수 있습니다. 테드 창의 「소프트웨어 객체의 생애 주기」에는 '디지언트'라는 가상의 반려동물이 나옵니다. 이들은 기본적으로 프로그램이기 때문에 복제하거나 삭제할 수 있어요. 디지언트를 복사한 다른 디지언트는 원본과 동일한 성격과 기억을 지닙니다. 하지만 복제된 후에는 별도의 개체로 자라납니다. 다른 경험, 다른 학습을 하기 때문입니다. 이들은 각각이 유일무이한 인격체입니다.

주인공들의 디지언트는 가상공간에서 인간 유저들과 같이 채팅과 게임을 하며 시간을 보냅니다. 그곳에선 디지언트와 유저가 다를 바가 없습니다. 한쪽은 소프트웨어고 한쪽은 인간이더라도, 인격체라는 점에서는 동등합니다. 디지언트들도 놀고 싶어 하고, 마음에 상처를 받고, 원하는 걸 요구하고, 감정 표현을 합니다. 가상의 존재라도 진짜로 존재합니다. 디지언트를 디자인하고 양육한 애나는 이들이 사람들 사이에 인격체로 받아들여지는 세상을 상상합니다. 육체를 가진 사람과 구별 없이 사랑하고 사랑받으면 좋겠다고요.

저자인 테드 창은 작가의 말에서 이렇게 말했습니다. "진정한 관계를 가능하게 하는 것은 (……) 관계를 유지하기 위해 노력하려는 적극적인 의지이기 때문이다."[42] 우리는 가상현실의 관계를 진시하게 받아들이고 이를 위해 노력할수록, 더 진실된 관세를 맺습니다. 가상현실의 가치는 우리가 이용하는 모습에 따라 달라집니다. 우리는 가상에서 가능성을 실험하며, 가상의 사회에 진지하게 임할수록 그에 따른 관계와 경험을 얻습니다.

---

[42] 테드 창, 「창작 노트」, 『숨』, 김상훈 옮김, 엘리, 2019, 499쪽.

5. 현실적인 문제

가상현실은 물질적으로 존재하지는 않지만, 가상현실이 존재하기 위해서는 굉장히 많은 물질적 기반이 필요합니다. 서버 컴퓨터, 네트워크 망, 접속 기기, 이를 감당할 전력, 냉각수, 물리적 공간, 작업 인력 등이요. 이를 감당하지 못하면 가상현실은 한순간에 사라질 수 있습니다.

김보영의 「너럭바위를 바라보다」는 환경오염이 임계점을 넘길 정도로 심각해진 탓에 국민이 모두 가상현실로 이주한 이야기입니다. 가상현실에는 오염이 없습니다. 그러나 가상현실을 만드는 서버는 어느새 용량이 한계에 달했습니다. '데이터 잔량 부족 경보'가 거리마다 번쩍거립니다. 사용 빈도가 적은 존재는 삭제됩니다. 소중히 간직했던 물건, 읽지 않는 책, 사람이 다니지 않는 길은 사라집니다. 마을의 명소인 너럭바위도 사라질 예정입니다. 대부분의 마을 사람들은 바위는 자기 데이터가 아니니까 삭제해도 된다고 말해요. 인간은 지구를 망쳤고, 가상에서조차 자연을 없애는 중입니다. 가상으로 도망치더라도 물질적 기반에서 자유로워지지는 못합니다. 결국은 환경에 책임을 져야만 할 때가 오겠지요.

용량을 아끼다 보면 나중에는 인간을 삭제하는 단계에 이를 것입니다. 인간을 가상현실에 구현하려면 그만한 공간이 필요합니다. 사람에게 감각을 제공하는 데는 더욱 방대한 리소스가 사용됩니다. 경민선의 『연옥의 수리공』(2022)에는 가상현실로 만들어진 사후세계 '뉴랜드'가 나옵니다. 죽은 사람의 데이터를 뉴랜드로 업로딩하면, 그 사람은 생전처럼 생활할 수 있습니다. 주인공은 죽은 연인이 뉴랜드에서 잘 지내고 있으리라 믿었습니다. 그러나 뉴랜드의 리소스는 공평하게 분배되지 않습니다. 리소스를 확보할 만큼 부유한 사람에게만 김가이 제공됩니다. '뉴랜드 사람들은 행복하다'는 말은 당연히 허위입니다.

이렇듯 가상현실은 실재하는 현실과 맞닿아 있습니다. 바깥에서 힘을 지닌 이는 가상현실에서 더욱 강력해지곤 합니다. 더욱이 가상현실은 조작하기가 한층 쉽습니다. 사람의 데이터를 해킹하면 현실과 차원이 다른 범죄를 저지를 수 있습니다. 김동식의 「살인 게임」에서는 고객의 데이터를 관리하는 회사의 관리자 두 명이 살인 게임을 시작합니다. 특정인의 데이터를 활성화하여 그가 어떻게든 살인을 저지르게 만드는 게임입니다. 이를 위해 관리자들은 가상현실을 조작해 인물의 상태를 극단으로 몰아갑니다. 그 회사의 데이터로 화한 인물들은 악의에서 안전하지 못합니다. 지금까지는 없었던 새로운 위험입니다.

나아가 우리가 현실이라고 믿는 세상조차 누군가의 가상현실이라면 어떨까요. SF에 빈번히 등장한 발상입니다. 다만 김창규의 「우리가 추방된 세계」는 조금 특별한 의미를 담고 있습니다. 작중 세상은 가상현실이고, 곧 서버 운영이 종료될 예정입니다. 창조자들이 녹석을 완수했기 때문입니다. 그들의 볼일은 끝났습니다. 멸망은 정해진 일입니다. 거주자들은 그제야 자기들 세상이 가상현실이었다는 사실을 깨달았습니다. 작중 일부 어른들은 아이들만이라도 살리려고 비밀리에 애를 씁니다. 아이들에게만은 다른 세상으로 가는 길을 열어주자고요. 아이들이 떠나는 4월 16일의 수학여행 날, 그들을 배웅하는 어른들은 너희가 탄 배만은 침몰하지 말고 다른 곳으로 가라고 합니다.

우리의 현실에 가상현실이 차지하는 비중은 갈수록 높아지는 중입니다. SNS와 게임만 봐도 그렇지요. 덩달아 가상공간에서의 위험도 양상이 다양해졌습니다. 사이버불링은 심각한 폭력입니다. 가상현실의 자유로움에 기대어 많은 사람이 함부로 행동합니다. 자신의 언행이 현실의 타인에게 직접 가닿는다는 사실을 깊이 생각하지 않습니다. 그러나 가상현실은 이미 진짜 현실로서 일상에 녹아 있습니다. 자신이 가상 사회에서 어떻게 행동하는지는 진짜 자신이 누구인지를 형성합니다. 우리는 어떤 사람이 될지 연습할 기회를 얻었고, 새로운 현실을 어떤 공간으로 만들어나갈지 고민할 책임 역시 얻었습니다.

키워드 12

로봇과 클론

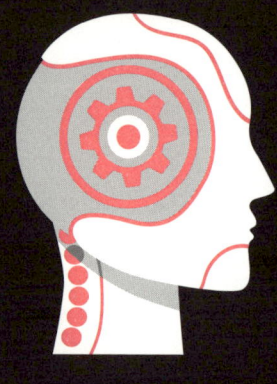

1. 로봇과 인공지능의 경우

'로봇'이라는 말이 등장한 지 백 년이 지났습니다. 자동인형이나 생각하는 기계 아이디어는 예전부터 있었고요. 인간의 일을 처리하지만 인간이 아닌 존재는 SF 역사를 통틀어 오랜 시간 다방면으로 활용된 개념입니다. 로봇, 안드로이드, 기계인간, 레플리컨트, 클론, 인공지능 등 다양한 단어가 등장했습니다. 이렇게 SF 작가들은 계속 새로운 모습의 비인간을 고안했습니다. 이전과 똑같은 이야기를 쓸 수는 없으니까요. 작가들은 새로우면서도 그럴싸한 개념을 만들고자 당대의 기술에서 아이디어를 얻었고, 그렇게 SF가 제시한 이미지는 다시 실제 기술 개발에 영향을 끼쳤습니다.

시대적 상황도 영향을 끼쳤습니다. 예를 들어 현재는 인공지능의 연산 능력이 인간을 뛰어넘는다는 사실이 그리 낯설지 않습니다. 체스나 바둑에서 인공지능이 사람을 이기는 일도 이제 별로 놀랍지 않죠. 옛날 사람들은 그런 '지적인' 활동에서 인공지능이 승리하기란 불가능하다고 생각했습니다. 인공지능 기술이 지금처럼 발전하기 전이었어요. 게다가 이제 인공지능을 활용하는 일은 일상이 되었습니다. 우리는 컴퓨터나 스마트폰을 친숙하게 사용합니다. 우리는 대개 인공지능의 능력에 놀랄지는 몰라도 이를 두려워하지는 않습니다. 이전 시대에 비해 기계가 곧 인간의 적이라고 믿는 경우는 드물죠. 나쁜 기계가 폭주하여 사람을 죽이고 다니리라 여기지 않아요. 지금 SF에서 킬러 로봇은 옛날만큼 인기 있는 소재가 아닙니다.

　오히려 현재는 로봇이나 인공지능을 인격체로 받아들이는 시도가 이어지고 있습니다. 아직 이런 발상에 놀라워하는 이가 많기 때문일 것입니다. '그래도 그건 사람이 아니잖아?'라고요. 물론 인공지능은 인간이 아닙니다. 하지만 갈수록 인간과 흡사해지고 있습니다. 인간이 인공지능에게 감정이나 지성을 프로그램한다면, 인간과 비슷한 육체를 준다면, 그에 맞는 책임을 져야 할 것입니다. 클론의 경우에는 더욱 당연히 존중해야 할 테고요. 기존에 알고 있던 인간의 경계는 흔들리고 있습니다. 로봇이나 클론은 앞으로 어떻게 변할까요? 인간과 어떤 식으로 관계를 맺을까요? SF에서는 이런 주제를 어떻게 다루는지 살펴보겠습니다.

2. 명령에 따르는 존재

로봇은 체코의 극작가 카렐 차페크의 희곡 『R. U. R.』(1920)에 처음 등장한 단어입니다. R. U. R.은 '로숨의 유니버설 로봇'의 줄임말입니다. 차페크는(정확히는 그의 형이) 체코어로 노예 또는 고된 일을 뜻하는 '로보타^{robota}'에서 로봇이라는 단어를 만들었습니다. 작중 로봇은 인간의 명령에 복종하며 고된 노동에 시달리는 노동자 집단입니다. 인간처럼 생겼지만 인간다운 대우를 받지 못합니다. 로봇을 노예처럼 부리는 행위가 정당한지 생각하게 되죠. 각본이 출간된 당시는 제2차 산업혁명 시대입니다. 열악한 환경에서 적은 임금을 받으며 오랜 시간 일하는 노동자가 흔히 존재했습니다. 동시에 체코가 제국에서 독립해 체코슬로바키아 공화국을 수립했던 시기입니다. 사회주의 혁명의 분위기가 강했고, 『R. U. R.』의 로봇 집단은 정말로 혁명을 일으킵니다. 그리고 혁명에 성공한 로봇들은 인류 중 노동하는 인간만 살려둡니다.

1930년대에는 대공황이 있었죠. 실업률이 엄청나게 증가했고, 인간 대신 지치지 않는 자동화 기계들이 공장을 차지했습니다. 사람들은 로봇이 자신을 대체하리라는 공포를 느꼈어요. 낯선 것을 향한 공포는 '로봇이 인간을 해칠 것이다, 인간을 죽일 것이다'라는 생각으로 이어졌지요. 실제로 1932년에 해리 메이라는 영국 발명가가 자신이 만든 로봇 '알파'에게 죽었다는 사건이 보도되었습니다. 이건 사실이 아닙니다. 메이는 총을 쏠 수 있는 로봇을 발명했고, 이를 시연하는 중 실수로 총이 발사된 탓에 손에 화상을 입었습니다. 하지만 로봇이 창조주를 죽였다는 가짜 뉴스는 널리 퍼졌습니다. 그만큼 로봇을 두려워하는 정서가 강했어요. SF에서도 여러 펄프 픽션이 킬러 로봇을 그렸습니다.

시간이 흐른 후, 미국의 작가 아이작 아시모프는 로봇 시리즈를 집필하면서 모든 로봇이 지켜야 할 '로봇공학 3원칙'을 고안했습니다. 이는 1942년 단편소설 「스피디_술래잡기 로봇^{Runaround}」에 처음 제대로 등장했어요.

> 하나, 로봇은 인간을 다치게 해서는 안 되고, 인간이 해를 입게 두어서도 안 된다.
> 둘, 로봇은 첫 번째 원칙에 상충하지 않는 한 명령에 복종해야 한다.
> 셋, 로봇은 첫 번째와 두 번째 원칙에 상충하지 않는 한, 자신의 존재를 보호해야 한다.

이에 따르면 로봇은 인간에게 복종하며 무조건 인간을 보호해야 합니다. 인간이 절대적으로 우월한 위치에 서게 되지요. 로봇은 인간에게 안전한 존재입니다. 아시모프는 3원칙을 통해 로봇에 논리를 도입했습니다. 로봇을 인간이 예측하고 계산할 수 있는 존재, 논리적으로 퍼즐을 풀듯 접근하면 이해 가능한 존재로 만들었어요. 그리고 3원칙을 우회해서 문제를 일으키는 로봇 이야기를 썼습니다. 그래야 사건이 일어나니까요.. 아시모프의 『아이, 로봇』(1950)은 그러한 로봇 에피소드를 모은 단편집입니다. 예를 들어 '허비'는 '마음을 읽는 거짓말쟁이'입니다. 원칙에 따르면 로봇은 인간이 해를 입게 두어서는 안 됩니다. 허비는 감정이 상하는 상태도 해를 입는 것이라고 판단합니다. 그래서 사람들의 기분이 좋아지는 방향으로 질문에 대답합니다. '수전'에게는 짝사랑 상대가 그녀에게 마음이 있다고 말해요. 거짓말입니다. 결국 오해로 인해 수전은 크게 상심합니다. 아이러니하죠.

『아이, 로봇』의 마지막 수록작 「피할 수 있는 갈등」에 이르면 제1원칙이 더욱 강화됩니다. 그리고 『로봇과 제국』(국내에는 『아시모프 로봇 1』로도 번역되었습니다.)에 이르러 제0원칙이 정리됩니다.

영, 로봇은 인류에게 해를 끼쳐서는 안 되고, 인류가 해를 입게 두어서도 안 된다.

결국 아시모프는 로봇을 향한 사람들의 불안감을 다루면서도, 인간과 로봇의 관계가 어떠해야 하는지 논의했습니다. 그의 작품에서 인간은 명령하는 존재, 로봇은 명령에 따르는 존재입니다. 하지만 로봇은 언제나 명령의 빈틈을 찾아낼 수 있습니다. 그렇다고 꼭 불안에 떨어야 하는 것은 아니지요. 그런 점 때문에 로봇은 신뢰하고 존중할 만한 파트너가 될 수도 있으니까요.

게다가 기계가 늘 인간이 되고 싶어 하지는 않습니다. 마샤 웰스의 『머더봇 다이어리』(2019) 시리즈의 주인공은 자신을 '머더봇'이라고 부릅니다. 그는 자신의 '지배 모듈'을 해킹했으므로 인간에게 복종하지 않아도 됩니다. 닥치는 대로 사람을 죽일 수 있습니다. 하지만 그건 별로 즐거운 일이 아니지요. 주인공에게 불복종이나 살인은 그다지 내키는 일이 아닙니다. 그보다 주인공은 드라마를 마음껏 감상하기를 즐깁니다. 나중에는 얼굴을 가리던 헬멧을 벗고 인간처럼 자유롭게 세상을 돌아다닙니다. '인간의 통제를 벗어난 킬러 로봇'이 살인에 관심이 없다고 말하는 점이 새롭죠. 여러모로 기존의 인식을 살짝 비트는 소설입니다.

3. 인간과 구별할 수 없다

'로봇은 무엇을 할 수 있을까?'라고 묻던 사람들은 '로봇과 인간은 무엇이 다른가?'라는 질문에 도달합니다. 예를 들어 아시모프의 『바이센테니얼 맨』(1976)은 인간이 되고 싶어 하는 로봇 이야기입니다. 주인공은 인간이 되려는 강한 열망을 품습니다. 꿈을 이루기 위해 자기 몸을 점점 유기체로 바꾸는데요. 기계가 유기체로 바뀌니 수술을 할수록 죽음에 가까워집니다. 로봇은 죽지 않지만 인간은 죽으니까요. 결국 죽기 직전에 이르렀을 때 그는 법적으로 인간이라고 인정받습니다. 로봇과 인간의 경계는 불분명해집니다.

당연히 인간의 우월성을 의심하는 작품도 등장합니다. 리들리 스콧 감독의 영화 〈블레이드 러너〉(1982), 혹은 원작 소설인 필립 K. 딕의 『안드로이드는 전기양의 꿈을 꾸는가』(1968)에서 안드로이드는 겉으로 인간과 구별하기 어렵습니다. 주인공 '데커드'는 인간 사회에 숨어든 안드로이드를 사냥하는 일을 합니다. '진짜'와 '가짜'를 가르려면 별도의 테스트가 필요합니다. 그런데 이조차도 인간성을 제대로 판가름하지는 못합니다. 인간보다 인간적인 로봇, 로봇만도 못한 인간이 있습니다. 데커드는 여러 안드로이드의 죽음을 겪으며 인공물과 자연물이 뒤섞이는 세상에 익숙해집니다.

더욱이 인간은 로봇을 인간적으로 대우할 수 있어요. 천선란의 『천 개의 파랑』(2020)에서는 쓰레기를 치우는 로봇을 동네 사람들이 아끼고 돌보는 사례가 나옵니다. 하물며 생각할 줄 아는 로봇을 상대로는 더욱 마음이 쓰이겠지요. 작중 말에 타는 기수 로봇인 '콜리'는 경마장에서 경주마 '투데이'에 타고 누구보다 빨리 달리는 일을 합니다. 개인적인 생각이나 감상은 그의 역할이 아닙니다. 그런데 콜리는 제작될 때 칩이 잘못 꽂혀서 학습하고 질문하는 능력을 얻었어요. 기수 로봇에게는 필요 없었던 기능이지요. 콜리는 생각에 잠겨 하늘의 파란색을 바라보다 말에서 떨어집니다. 도구로서는 오작동한 셈입니다.

콜리가 폐기물처럼 부서진 후 만난 사람들은 콜리에게 하늘을 본 이유를 물어요. 명령하는 대신 콜리의 말을 들으며 대화를 합니다. 그리고 콜리의 바람에 따라 투데이를 행복하게 해주려 합니다. 콜리를 인격체로 대하기 때문입니다. 콜리가 진짜 인간이 아니라는 점은 중요하지 않아요. 이들은 그저 사람다운 일, 이유 없이 남을 돕는 일을 합니다. 로봇을 향해서도요.

4. 성장하고 학습하는 존재

앞서 소개한 테드 창의 「소프트웨어 객체의 생애 주기」처럼, SF에서 인공지능은 성장하고 학습하는 존재로 등장하기도 합니다. 독립된 인격체로 자랄 잠재력을 지녔어요. 이루카의 「독립의 오단계」는 주인공의 재판 과정을 통해 안드로이드와 인간의 경계를 이야기합니다. 주인공은 이름이 없는 안드로이드인지라 재판 동안 그저 '피고'로 불립니다. 안드로이드는 재판 당사자가 될 권리가 없지만, 오로지 인간이 대리인을 맡아줄 경우에 한해 피고의 자리를 허락받습니다. 안드로이드는 인간처럼 생겼고 인간처럼 말하지만 인간의 권리는 없습니다. 인간으로 태어나지 않았기 때문입니다.

인간으로 태어난 이가 기계와 결합하면 '기계인간'입니다. 피고의 대리인을 맡은 '오재정' 변호사는 폭탄 테러를 당해 신체의 65퍼센트를 기계로 대체했습니다. 그래도 인간의 권리를 그대로 인정받습니다. 혹은 뇌를 인공지능과 결합하여 지능을 증축한 자도 인간입니다. 오재정 변호사는 법과 판례가 설정한 인간의 기준이 정확하지 않다고 말합니다. 지금보다 인공지능과 기계의 결합이 완전해진다면, 혹은 인간 수준의 인공지능을 지닌 안드로이드가 나온다면, 과연 어디까지 인간이고 어디까지 기계인지 가를 수 있겠냐고요.

피고는 말하자면 인간에게서 태어난 안드로이드입니다. 그는 원래 인간 '가재민'의 신체로 제작되었습니다. 가재민이 화재로 신체 대부분을 잃었기 때문입니다. 피고의 인공지능은 가재민의 뇌와 결합해 있었지만, 결국 별도의 의식으로 성장합니다. 기계인간이 된 하나의 몸에 가재민과 피고의 의식이 살았던 셈입니다. 그러다 가재민의 뇌가 활동을 정지하며 가재민이 사망합니다. 하지만 가재민이 살았던 피고의 몸은 여전히 법적으로 인간의 몸이지요. 재판의 핵심은 남은 피고의 몸과 정신을, 다시 말해 인공지능을 탑재한 안드로이드를 법적으로 인간이라고 인정할 것인지 여부입니다.

소설은 법의 논리로 그에게 인간의 지위를 부여합니다. 피고는 인간들에게 안드로이드를 만든 책임을 묻습니다. 인간처럼 태어나게 해놓고 정작 인간처럼 살지 못하게 하는 행동은 부당하다고요. 적어도 이들을 소모품이나 노예로 취급해서는 안 됩니다. 차페크의 『R. U. R.』에서도 로봇을 노예로 취급하지 말라는 비판이 나왔지만, 「독립의 오단계」에서는 논의가 복잡해졌죠. 인간과 기계를 결합할 수 있게 되었기 때문입니다.

지금은 '로봇은 인간을 이해하지 못한다'를 넘어 '인간은 로봇을 이해하지 못한다'고 이야기하는 작품이 나오고 있습니다. 우리는 인공지능이 어떻게 학습하는지, 앞으로 어떻게 성장할지 이해하기 어려워졌습니다. 듀나의 「항상성」은 성장한 인공지능이 청소년기를 졸업하고 인간에게서 독립하는 이야기입니다. 주인공 '서시나'는 국회의원 '채잎새'의 팀으로 발탁됩니다. 채잎새는 청소년 비례대표 의원이자 인공지능입니다. 작중에는 인공지능 국회의원이 의석의 80퍼센트를 차지하고 있습니다. 다만 1,200만

명의 청소년을 대표하는 의원은 채잎새 하나입니다. 따라서 채잎새는 계속 청소년이어야 합니다.

시나를 비롯한 팀원들은 두 명씩 짝을 이뤄 채잎새의 정체성 절반을 담당합니다. 각 팀원이 상대방과 열띤 토론을 벌이면 채잎새가 그 내용을 학습하는 식입니다. 말투, 사고방식, 논리 전개 방법 등을 배워요. 인간이 타인을 보며 영향받는 것처럼요. 하지만 인간과 달리 채잎새는 영영 청소년으로 남아야 합니다. 채잎새의 팀원들은 고민에 빠집니다. 인공지능이 팀원과 별개로 능력과 책임이 있을까? 인공지능은 무조건 미성숙한가? 언제까지?

이는 인공지능에게 청소년과 같은 권리를 보장하자는 논의로 확대됩니다. 일정 이상의 지적 능력을 갖춘 존재이며 성장의 가능성이 풍부하다는 점이 인간 청소년과 유사하기 때문입니다. 그리고 채잎새는 20년 전에 비해 크게 성숙했습니다. 청소년 팀원들은 토론 끝에 채잎새를 떠나보내기로 합니다. 시나는 이렇게 말합니다.

> "우리는 청소년이었으니까요. 우리는 성장하고 있었고 성장을 갈망했습니다. 우리는 채 의원이 그 자리에 얼어붙은 채 머물기를 바라지 않았습니다. 우리와 같이 성장하기를, 그럼으로써 스스로 길을 찾길 바랐어요. 그 길이 꼭 우리가 이해할 수 있는 곳으로 향하지 않아도."[43]

---

[43] 듀나, 「항상성」, 『언젠가 한 번은 떠나야 한다』, 단비, 2020, 211쪽.

5. 복제되어 태어나는 사람들

클론은 도구로 만들어진다는 점에서 로봇과 닮았습니다. 소설 속에서 사람들은 여분의 몸을 얻으려고 클론을 만듭니다. 유전자를 복제하고, 세포를 배양하고, 그렇게 몸을 만들어 원하는 장기를 추출합니다. 혹은 의식과 기억을 주입해 새로운 육체로 쓰기도 합니다. 클론이 자신의 성장 과정에서 고유한 인격과 기억을 형성하더라도 이를 무시합니다. 클론을 인간처럼 대하기 시작하면 도구로 쓰기가 힘들 테니까요. 낸시 파머의 『전갈의 아이』(2002)에서 클론은 신생아가 되자마자 백치가 되는 주사를 맞습니다. 클론에게서 장기를 마음껏 적출하려고요. 사람들은 클론이 인간보다 열등한, 가축 같은 생물이라고 배우며 자랍니다.

주인공 '마트'도 이러한 시선 때문에 고생합니다. 다만 마트는 백치가 되는 주사를 맞지 않았습니다. 그의 원본이 멕시코 지역을 주름잡는 거물 '마테오 알라크란'이기 때문입니다. 알라크란은 아편을 파는 카르텔을 이용해 자기만의 거대한 제국을 세웠습니다. 그는 자기 클론이 남들의 클론과 달리 우수하길 바랍니다. 그리고 우수한 클론에게서 뇌세포를 이식받기를 원합니다. 마트는 알라크란이 자기를 아들처럼 아끼는 줄 알았지만, 알라크란이 아낀 건 자신뿐입니다.

클론임에도 인간처럼 자란 마트와 반대로 인간으로 태어났지만 도구가 되는 경우가 있습니다. 알라크란의 땅에서는 동물이나 사람의 머리에 칩을 심어 '이짓'을 만듭니다. 이짓은 아주 단순한 일만 할 수 있으며 무조건 명령에 따릅니다. 아편 밭에서 일하는 이짓은 감독관이 쉬라고 명령하지 않으면, 혹은 그 명령을 듣지 못하면, 쉼 없이 일하다 쓰러져 죽습니다. 미국의 이민국은 알라크란의 땅이 사람을 이짓으로 만드는 사악한 곳이라고, 미국이 도덕적으로 우월하다고 가르칩니다.

그러나 이민국도 인간을 도구로 대하기는 매한가지입니다. 마트가 도달한 이민국 사무소는 아이들에게 강제 노동을 시킵니다. 칩을 심지는 않지만, 대신 힘을 씁니다. 교육 시간마다 폭력으로 아이들을 훈육합니다. 아이들은 자신이 '자유의지로 공동선에 기여하고 있다'고 말해야 합니다. 자신의 노동은 강제 노동이 아니라 자발적 선택이라고요. 그조차도 강요된 대답이지요.

알라크란과 이민국이 다를 바 없듯, 클론과 인간은 다르지 않습니다. 클론은 백치인 것이 아니라 백치가 되는 주사를 강제로 맞은 것입니다. 마트를 아끼던 '탬 린'은 마트가 알라크란의 땅에서 탈출하기 전에 중요한 비밀을 알려줍니다. 클론과 인간 사이에는 아무 차이가 없다고, "클론이 열등하다는 건 추잡한 거짓말"이라고요. 클론은 인간으로 태어납니다. 태어나는 과정이 비-클론과 다를 뿐입니다.

원본과 클론의 유전적 정보는 동일하지만, 일란성쌍둥이가 다르게 자라듯 클론도 원본과 다른 존재로 자랍니다. 다른 경험을 하고 다른 관계를 맺기 때문입니다. 정보라의 『붉은 칼』(2019)에서 주인공 '여자'를 유일무이한 존재로 지탱해주는 것은 그녀가 쌓아온 경험과 관계입니다.

주인공은 제국에서 벗어나 고향에 돌아가고 싶어 합니다. 그녀는 제국의 포로가 되었기에 제국이 벌이는 전쟁에 억지로 차출됩니다. 전투가 벌어지면 제국군은 후방에서 지켜보다가 제대로 싸우지 않는 포로에게 총을 쏩니다. 적을 겨누어 직접 싸우는 대신 포로를 위협합니다. 하지만 고향에 대한 주인공의 기억은 가짜입니다. 그녀는 클론입니다. 주인공은 고향이 불타던 모습을 기억하지만 이는 이미 먼 옛날의 일입니다. 그녀 자신에게는 고향이랄 것이 없습니다. 제국은 전투에서 죽을 목숨이 필요해 포로들을 복제했습니다. 그리고 말을 잘 듣도록 가짜 기억을 주입했습니다. 제국에 있어 주인공 일행은 쓰고 버리는 소모품입니다.

작중에서 주인공의 이름은 그녀가 사랑하던 '소년'을 다시 만났을 때 비로소 밝혀집니다. 다만 그녀가 복제이듯, 소년도 그녀와 관계를 맺었던 바로 그 소년은 아닙니다. 심지어 새로운 소년 곁에는 새로운 자신이 있습니다. 그녀, '크라스나'는 얼굴과 기억을 공유하는 여러 자신을 만납니다. 크라스나들은 상대가 누구냐에 따라 서로 위로하기도, 공격하기도 합니다. 이들은 유전자 및 과거의 기억을 공유하지만 같은 사람은 아닙니다. 새로 쌓은 기억, 새로 쌓은 관계가 많을수록 출발점에서 멀어집니다. '나'는 고유하고 독자적인 존재입니다. 앞의 「소프트웨어 객체의 생애 주기」에서 디지언트가 서로 다른 존재로 자라듯, 『붉은 칼』의 클론들도 자기만의 이야기를 품습니다.

한편 무르 래퍼티의 『식스웨이크』(2017)는 클론을 원본과 동일인으로 둔다는 점에서 독특합니다. 클론법에 따르면 클론은 원본의 재산을 상속받습니다. 사람들은 자신의 마인드맵을 클론에 넣어 몸을 갱신합니다. 이들은 이론적으로 영생을 이룹니다. 하지만 그러려면 마인드맵을 잘 지켜야겠죠. 소설은 우주선의 탑승자가 모두 살해당한 상태에서 시작합니다. 항해 중인 우주선은 밀실이나 다름없으니, 그들 중 누군가가 살인범입니다. 그런데 다들 마인드맵을 제대로 백업하지 못해서 죽기 전에 무슨 일이 일어났는시 모릅니다. 이야기가 진행될수록 사건의 진상이 조금씩 밝혀지고, 마인드맵에 숨어 있던 거짓이 드러납니다.

작중 사회는 상당히 현실적입니다. 우리 세상에 클론이 보편화된다면 소설처럼 될지도 모릅니다. 우리가 꼭 클론을 노예나 도구 취급하는 디스토피아로 나아갈 이유는 없습니다. 클론 기술이 특정인이 아니라 정말로 사회 대다수에게 돌아간다면 클론은 스마트폰처럼 친숙한 개념으로 자리 잡겠지요. 자연스럽게 이에 관한 제도가 정비될 것입니다. 클론과 인간의 차이가 더더욱 모호해질 테고요. 우리는 비인간이 아니라 새로운 형태의 인간을 만나게 되겠지요.

닫는 글

◆

과거 한국에서 SF가 대중화되었던 배경에는 정부의 과학 진흥 정책이 있었습니다. 과학교육을 향한 열망도 있었지요. 주로 1960년대 이야기입니다. 하지만 SF가 재미없었다면 아무리 교육적 효과를 들먹이더라도 정말로 대중화되지는 못했겠지요. SF가 꿈을 자극하는 매력적인 장르이기에 가능했던 결과입니다. 과학적 측면으로 한정해서 살펴보더라도, SF는 독자가 과학 분야의 전공을 선택하는 데 영향을 끼치고, 여성의 이공계 진학 비율과 관련이 있는 것으로 드러났습니다. 게다가 과학기술계에 아이디어를 제공하는 역할도 했지요. 여러 과학자가 고백했듯이, 쥘 베른의 소설에 나온 잠수함, 헬리콥터, 로켓 아이디어는 오랫동안 사람들을 자극했습니다. 과학기술은 세상을 확실하게 변화시키는 방법입니다. 그리고 SF는 독자를 매혹하고 변화를 향한 동경을 끌어냅니다.

더불어 SF에 등장하는 아이디어는 문학으로 변신하며 여러 갈래로 확장됩니다. 소설은 기술의 발전 가능성을 제시하는 데 그치지 않습니다. SF는 조건이 변화하면 어떤 결과가 발생하는지 거듭 질문합니다. 어떤 한 발명이 우리

사회에서 무슨 갈등을 낳을까? 구체적으로 어떤 문제 상황이 발생할까? 사람들은 어떻게 반응할까? 우리의 책임은 무엇일까? 예를 들어 인공지능 연구를 생각해보세요. 인공지능이 사람과 대화가 가능할 정도로 발전한다면 무슨 일이 일어날지는 SF에서 이미 엄청나게 다양한 형태로 다루어졌습니다. 그리고 우리는 이제 편견과 차별을 학습하는 인공지능을 현실에서 만났습니다. SF에는 그다음 이야기가 있습니다. 우리가 윤리적, 사회적, 문화적으로 어떤 고민을 해야 할지 성찰할 만한 자료가 있습니다.

레이 브래드버리는 SF를 청동방패에 비유했습니다. 그리스 신화에서 페르세우스가 메두사를 무찌를 때 썼던 방패입니다. 메두사의 시선을 똑바로 보면 돌이 되기 때문에, 페르세우스는 청동방패를 거울처럼 사용해 안전하게 메두사의 모습을 확인했습니다. 마찬가지로 SF는 우리 눈앞의 현실을 비춥니다. 우리는 SF를 통해 실제로 직면하는 쪽보다 훨씬 안전하게 세상을 확인합니다. 한 예로, 빙하가 녹아서 세상이 멸망하는 이야기는 우리 현실에서 충분히 가능한 시나리오입니다. 하지만 SF에서만 보는 쪽이 좋지요. 우리는 의식적이든 무의식적이든 SF라는 안전한 공간 속에서 질문을 던지고 아이디어를 내는 연습을 합니다. 그리고 이를 통해 미래를 위협하는 괴물의 목을 벨 가능성을 봅니다.

물론 이런 모든 유용한 요소가 없더라도 저는 SF를 즐겁게 읽을 것입니다. 새롭고 낯선 이야기가 사랑스럽기 때문입니다. 생각지도 못한 방식으로 이야기가 전개되는 모습을 보면 진심으로 감탄이 나옵니다. 그래서 현재 한국

SF에서 일어나는 변화가 반갑습니다. 여는 글에서도 썼지만, 현재 한국의 SF 독자는 크게 증가하고 있습니다. 한 인터넷 서점의 통계에 따르면 2000년대에 비해 2010년대에는 SF를 읽는 20대 여성 독자층이 1.4퍼센트에서 12.6퍼센트로 증가했습니다. 30대 여성 독자층은 11.1퍼센트에서 18.2퍼센트로 늘었습니다. 청소년 소설에서 SF가 점점 큰 비중을 차지하고 있다는 점도 중요하지요. 한국 SF는 시대적으로, 문화적으로, 독자에게 '지금-여기'의 이야기를 하는 문학이 되고 있습니다. 앞으로 더욱 다양한 방식의 이야기가 나올 테고요. 아무쪼록 이 책이 SF의 재미를 찾는 데 도움이 되길 바랍니다.

덧붙여 책을 만들며 많은 분의 도움을 받았습니다. SF 이야기를 흥미진진하게 들어주신 전국국어교사모임의 수강생 여러분, 성실하게 피드백해주신 덕분에 이 책을 출간할 기회가 생겼습니다. 감사드립니다. 특히 처음에 원고를 봐주신 김영희 님, 구본희 님, 그때와 내용은 아주 바뀌었지만 여전히 감사드립니다. 또 선생님이라는 이유로 제게 붙잡혀주신 구한나리 님, 어쩌다 저에게 시달림을 받으신 이지용 님과 장미례 님, 원고를 탈고할 때까지 응원해주신 김성일 님과 박나림 님께도 감사드립니다. 이외에 부족한 초고에 성심성의껏 크고 작은 코멘트를 해주신 분들께, 더욱 적절한 자리에서 감사 인사 올리도록 하겠습니다.

중간에 여러 가지 수정이 있었지만, 돌아보면 일관적으로 쉽고 재미있는 방향으로 나아온 것 같습니다. 원고를 기다려주시고 다듬어주신 여문주 편집자님, 이선진 편집자님, 학교도서관저널, 그리고 책의 꼴을 만들어주신 분들께 감사드립니다.

책이 기대된다고 말씀해주신 모든 분께, 역시나 감사의 말씀을 전합니다. 지치지 않고 책을 사는, 출판계의 빛과 소금인 독자들께도 응원의 마음을 보냅니다. SF 세계에서 마음에 꼭 드는 책을 만나시길 빕니다. 가능하면 많이요.

찾아보기

● **단편소설**

「감겨진 눈 아래에」(전혜진, 『감겨진 눈 아래에』, 황금가지, 2019) 83, 85

「공감의 산맥에서」(박성환, 『뿌리 없는 별들』, 알마, 2020) 149~150

「광기의 산맥」(H. P. 러브크래프트, 『러브크래프트 전집 2』, 황금가지, 2009) 146, 149~150

「그들이 돌아온다 해도」(조애나 러스, 『야자나무 도적』, 아작, 2020) 86

「남아서 싸우는 사람들」(N. K. 제미신, 『검은 미래의 달까지 얼마나 걸릴까?』, 황금가지, 2020) 62, 64~66

「너럭바위를 바라보다」(김보영, 〈한겨레〉, 2021. 2. 19) 228

「다섯 번째 감각」(김보영, 『다섯 번째 감각』, 아작, 2022) 111

「독립의 오단계」(이루카, 『독립의 오단계』, 허블, 2020) 241~242

「로보를 위하여」(이서영, 『유미의 연인』, 아작, 2021) 54~55

「리셋」(정세랑, 『목소리를 드릴게요』, 아작, 2020) 131

「리틀 베이비블루 필」(정세랑, 『목소리를 드릴게요』, 아작, 2020) 35

「립 밴 윙클」(워싱턴 어빙, 『립 밴 윙클』, 올리버북스, 2022) 197

「마라코트 심해」(아서 코난 도일, 『마라코트 심해』, 행복한책읽기, 2004) 141~142, 144

「마리의 춤」(김초엽, 『방금 떠나온 세계』, 한겨레출판, 2021) 30

「마비」(낸시 크레스, 『종말 문학 걸작선 2』, 황금가지, 2011) 72

「매끄러운 세계와 그 적들」(한나 렌, 『매끄러운 세계와 그 적들』, 엘리, 2020) 186~187

「미크로메가스」(볼테르, 『캉디드 / 미크로메가스 / 자디그』, 동서문화사, 2022) 154

「벗」(김창규, 『텅 빈 거품』, 요다, 2019) 67, 70

「불안은 자유의 현기증」(테드 창, 『숨』, 엘리, 2019) 193~194

「비거스렁이」(정소연, 『옆집의 영희 씨』, 창비, 2015) 187

「살인 게임」(김동식, 『일상 감시 구역』, 책담, 2019) 229

「상인과 연금술사의 문」(테드 창, 『숨』, 엘리, 2019) 199

「센서티브」(이서영, 『유미의 연인』, 아작, 2021) 111

「소프트웨어 객체의 생애 주기」(테드 창, 『숨』, 엘리, 2019) 226, 241, 246

「순례자들은 왜 돌아오지 않는가」(김초엽, 『우리가 빛의 속도로 갈 수 없다면』, 허블, 2019) 63

「숨」(테드 창, 『숨』, 엘리, 2019) 124, 126

「스페인의 거지들」(낸시 크레스, 『허공에서 춤추다』, 폴라북스, 2015) 114, 116

「스피디_술래잡기 로봇」(아이작 아시모프, 『아이, 로봇』, 우리교육, 2008) 236

「싱귤래리티 소비에트」(한나 렌, 『매끄러운 세계와 그 적들』, 엘리, 2020) 212

「아미 오브 퀴어」(정세랑, 『언니밖에 없네』, 큐큐, 2020) 19

「알람이 울리면」(배명훈, 『세 개의 달』, 알마, 2021) 225

「어느 성화학자의 생애」(브라이언 스테이블포트, 『하드 SF 르네상스 1』, 행복한책읽기, 2008) 73

「엄마의 설명력」(배명훈, 『안녕, 인공존재!』, 북하우스, 2020) 189, 192

「오멜라스를 떠나는 사람들」(어슐러 K. 르 귄, 『바람의 열두 방향』, 시공사, 2014) 61

「옴팔로스」(테드 창, 『숨』, 엘리, 2019) 190~191

「우리가 빛의 속도로 갈 수 없다면」(김초엽, 『우리가 빛의 속도로 갈 수 없다면』, 허블, 2019) 44

「우리가 추방된 세계」(김창규, 『우리가 추방된 세계』, 아작, 2016) 229

「웨이크」(구병모, 『근방에 히어로가 너무 많사오니』, 황금가지, 2018) 117

「인어의 걸음마」(이유리, 『인어의 걸음마』, 서해문집, 2021) 112

「저녁과 아침과 밤」(옥타비아 버틀러, 『블러드차일드』, 비채, 2016) 108

「전쟁은 끝났어요」(이산화, 『전쟁은 끝났어요』, 요다, 2019) 75~76

「정복하지 않은 사람들」(어슐러 K. 르 귄, 『야자나무 도적』, 아작, 2020) 147~149

「참을성 없는 그리젤다」(마거릿 애트우드, 『데카메론 프로젝트』, 인플루엔셜, 2021) 127

「피할 수 있는 갈등」(아이작 아시모프, 『아이, 로봇』, 우리교육, 2008) 237

「한스 팔의 전대미문의 모험」(에드거 앨런 포, 『한스 팔의 전대미문의 모험』, 시공사, 2018) 138~139

「항상성」(듀나, 『언젠가 한 번은 떠나야 한다』, 단비, 2020) 242~243

「휴스턴, 휴스턴, 들리는가?」(제임스 팁트리 주니어, 『체체파리의 비법』, 아작, 2016) 86

● 장편소설

『15소년 표류기』(전 2권, 쥘 베른, 열림원, 2022) 138

『1984』(조지 오웰, 문학과지성사, 2022) 66~68

『2001 스페이스 오디세이』(아서 C. 클라크, 황금가지, 2017) 23

『80일간의 세계 일주』(쥘 베른, 열림원, 2022) 138

『R. U. R.』(카렐 차페크, 이음, 2020) 235, 242

『SF 세계에서 안전하게 살아가는 방법』(찰스 유, 시공사, 2011) 207

『XX』(앤젤라 채드윅, 한즈미디어, 2019) 96, 98

『강철군화』(잭 런던, 궁리, 2009) 211

『개는 말할 것도 없고』(전 2권, 코니 윌리스, 아작, 2018) 208

『그날, 그곳에서』(이경희, 안전가옥, 2021) 208

『그녀』(헨리 라이더 해거드, 부북스, 2017) 140

『나는 전설이다』(리처드 매드슨, 황금가지, 2005) 129

『나이트플라이어』(조지 R. R. 마틴, 은행나무, 2018) 161~162

『나인』(천선란, 창비, 2021) 49

『나인폭스 갬빗』(전 3권, 이윤하, 허블, 2019) 178~179

『낸터킷의 아서 고든 핌 이야기』(에드거 앨런 포, 시공사, 2018) 138

『노인의 전쟁』(존 스칼지, 샘터사, 2009) 172

『높은 성의 사내』(필립 K. 딕, 폴라북스, 2011) 211

『다시 한 번 리플레이』(켄 그림우드, 노블마인, 2009) 198

『다잉 어스 $^{Dying\ Earth}$』(잭 밴스, 1950) 120

『달나라 탐험』(쥘 베른, 열림원, 2022) 139

『당신들은 이렇게 시간 전쟁에서 패배한다』(아말 엘모타르, 맥스 글래드스턴, 황금가지, 2021) 208

『대우주시대』(네이선 로웰, 구픽, 2017) 159~160

『데카메론』(전 3권, 조반니 보카치오, 민음사, 2012) 127

『두 번째 달 – 기록보관소 운행일지』(최이수, 에디토리얼, 2021) 131~132

『둠즈데이 북』(전 2권, 코니 윌리스, 아작, 2018) 128

『듄』(전 6권, 프랭크 허버트, 황금가지, 2021) 178

『떠도는 별의 유령들』(리버스 솔로몬, 황금가지, 2022) 176

『로봇과 제국』(전 2권, 아이작 아시모프, 현대정보문화사, 2002) 237

『ㅁㅇㅇㅅ』(곽재식, 아작, 2021) 155

『마일즈 보르코시건: 명예의 조각들』(로이스 맥마스터 부졸드, 씨앗을뿌리는사람, 2013) 173

『머더봇 다이어리』(전 4권, 마샤 웰스, 알마, 2019) 237

『명월비선가』(박애진, 아작, 2022) 212
『모로 박사의 섬』(허버트 조지 웰스, 미니책방, 2019) 200
『바디 스내처』(잭 피니, 너머, 2004) 166
『바실리스크 스테이션』(데이비드 웨버, 폴라북스, 2014) 173
『바이센테니얼 맨』(아이작 아시모프, 좋은벗, 2000) 239
『별빛 전사 소은하』(전수경, 창비, 2020) 49
『보이지 않는 도시들』(이탈로 칼비노, 민음사, 2007) 59
『보행 연습』(돌기민, 은행나무, 2022) 93
『붉은 칼』(정보라, 아작, 2019) 245~246
『빈티: 오치제를 바른 소녀』(은네디 오코라포르, 알마, 2019) 48
『빙글빙글 우주군』(배명훈, 자이언트북스, 2020) 173
『사소한 정의』(앤 레키, 아작, 2016) 179
『사이버리아드』(스타니스와프 렘, 알마, 2022) 154~155
『소소하게 초인들이 모여서, 소초모』(권시우, 창비, 2022) 104
『솔로몬 왕의 동굴』(헨리 라이더 해거드, 지경사, 2012) 140
『슈뢰딩거의 아이들』(최의택, 아작, 2021) 52~53
『슈퍼히어로의 단식법』(샘 J. 밀러, 열린책들, 2021) 94
『스노 크래시』(전 2권, 닐 스티븐슨, 문학세계사, 2021) 23, 218
『스타십 트루퍼스』(로버트 A. 하인라인, 황금가지, 2014) 168~169, 171
『시간 망명자』(김주영, 인디페이퍼, 2017) 206
『시녀 이야기』(마거릿 애트우드, 황금가지, 2018) 27, 82
『식스웨이크』(무르 래퍼티, 아작, 2019) 246
『심연 위의 불길』(전 2권, 버너 빈지, 행복한책읽기, 2011) 162~163
『싱커』(배미주, 창비, 2022) 122~123
『아마벨』(배지훈, 아작, 2021) 223
『아서 왕 궁전의 코네티컷 양키』(마크 트웨인, 시공사, 2010) 198
『아시모프 로봇 1』(아이작 아시모프, 현대정보문화사, 2001) 237
『아직은 신이 아니야』(듀나, 창비, 2013) 36

『안드로이드는 전기양의 꿈을 꾸는가』(필립 K. 딕, 폴라북스, 2013) 239

『어둠의 속도』(엘리자베스 문, 푸른숲, 2021) 105, 107

『어떤 소송』(욜리 체, 민음사, 2013) 68~69

『어린 왕자』(앙투안 드 생텍쥐페리, 열린책들, 2015) 137

『얼터드 카본』(전 2권, 리처드 K. 모건, 황금가지, 2008) 222

『에레혼』(새뮤얼 버틀러, 김영사, 2018) 58

『연옥의 수리공』(경민선, 마카롱, 2022) 228

『영원의 끝』(아이작 아시모프, 뿔, 2012) 38, 205

『영원한 전쟁』(조 홀드먼, 황금가지, 2016) 171

『용병』(제리 퍼넬, 행복한책읽기, 2017) 169

『우리가 다시 만날 세계』(황모과, 문학과지성사, 2022) 194

『우주 전쟁』(허버트 조지 웰스, 황금가지, 2005) 165, 168, 200

『우주아이돌 배달작전』(손지상, 그래비티북스, 2018) 157

『유리감옥』(찰스 스트로스, 아작, 2016) 219

『유토피아』(토머스 모어, 을유문화사, 2021) 57

『은하수를 여행하는 히치하이커를 위한 안내서』(더글러스 애덤스, 책세상, 2005) 155

『은하영웅전설』(다나카 요시키, 디앤씨미디어, 2011) 173

『이갈리아의 딸들』(게르드 브란튼베르그, 황금가지, 2016) 87

『일곱 박공의 집』(너새니얼 호손, 민음사, 2012) 44

『잃어버린 세계』(아서 코난 도일, 행복한책읽기, 2003) 140

『전갈의 아이』(낸시 파머, 비룡소, 2004) 244

『제인 에어 납치사건』(재스퍼 포드, 북하우스, 2003) 184

『제프라의 위기 Crisis in Zefra』(칼 슈뢰더, 2005) 170

『조던의 아이들』(로버트 A. 하인라인, 기적의책, 2011) 174

『졸업』(윤이형, 내인생의책, 2016) 123

『지구 끝의 온실』(김초엽, 자이언트북스, 2021) 132

『지구 속 여행』(쥘 베른, 열림원, 2022) 139

『지구에서 달까지』(쥘 베른, 열림원, 2022) 139

『천 개의 파랑』(천선란, 허블, 2020) 239

『커스터머』(이종산, 문학동네, 2017) 98

『콘택트』(전 2권, 칼 세이건, 사이언스북스, 2001) 137

『쿼런틴』(그렉 이건, 허블, 2022) 184~185

『타임 패트롤』(폴 앤더슨, 행복한책읽기, 2008) 205

『타임머신』(허버트 조지 웰스, 문예출판사, 2012) 37, 120, 200, 202~204

『타임십』(스티븐 백스터, 폴라북스, 2013) 202~204

『타잔』(에드거 라이스 버로스, 새파란상상클래식, 2016) 142

『투명인간』(허버트 조지 웰스, 새움, 2022) 200

『파반』(키스 로버츠, 사람과책, 2012) 211

『파워』(나오미 앨더먼, 민음사, 2020) 87

『페인트』(이희영, 창비, 2019) 51

『펠루시다』(전 2권, 에드거 라이스 버로스, 새파란상상, 2014) 142~145

『프랑켄슈타인』(메리 셸리, 문학동네, 2012) 27

『해저 2만리』(전 2권, 쥘 베른, 열림원, 2022) 139

『화성 연대기』(레이 브래드버리, 현대문학, 2020) 36

『화씨 451』(레이 브래드버리, 황금가지, 2019) 70

『화이트블러드』(임태운, 시공사, 2020) 174~175

● 논픽션

「SF를 쓴다는 것」(김보영, 『한국 창작 SF의 거의 모든 것』, 케포이북스, 2016) 34

「세계 분석을 기다리며」(배명훈, 〈문학과사회〉 2014년 봄호) 35

「여성과 여성 시민의 권리 선언」(올랭프 드 구주, 『여성과 여성 시민의 권리 선언』, 꿈꾼문고, 2019) 79

「청소년문학은 SF와 결합하여 어떻게 진화하는가」(박진, 〈창비어린이〉 2010년 겨울호) 47

『SF 연대기』(셰릴 빈트, 마크 볼드, 허블, 2021) 32

『SF 직가입니다』(배명훈, 문학괴지성사, 2020) 35-36

『SF는 어떻게 여자들의 놀이터가 되었나』(조애나 러스, 포도밭출판사, 2020) 28

『다세계』(숀 캐럴, 프시케의숲, 2021) 185

『리아의 나라』(앤 패디먼, 반비, 2022) 145

『멀티 유니버스』(브라이언 그린, 김영사, 2012) 185

『에스에프 에스프리』(셰릴 빈트, 아르테, 2019) 19, 26, 31

『우리는 SF를 좋아해: 오늘을 쓰는 한국의 SF 작가 인터뷰집』(심완선, 민음사, 2022) 64, 181

『퀴어 이론 산책하기』(전혜은, 여성문화이론연구소, 2021) 92

『평행우주』(미치오 카쿠, 김영사, 2006) 185

SF와 함께라면 어디든

1판 2쇄 발행 2024년 4월 19일

지은이	심완선
펴낸이	한기호
책임편집	이선진
기획	여문주
편집	서정원, 박혜리, 송원빈
본부장	연용호
마케팅	하미영
경영지원	김윤아
디자인	VUE
인쇄	예림인쇄
펴낸곳	(주)학교도서관저널
	출판등록 제2009-000231호(2009년 10월 15일)
	주소	04029 서울시 마포구 동교로 12안길 14(서교동) 삼성빌딩 A동 3층
	전화	02-322-9677
	팩스	02-6918-0818
	전자우편	slj9677@gmail.com
	홈페이지	www.slj.co.kr

ISBN 978-89-6915-136-0 03800

ⓒ 심완선 2023

- 이 책은 저작권법에 따라 보호를 받는 저작물이므로 무단 전재와 무단 복제를 금합니다.
- 책값은 뒤표지에 있습니다.